A Visão Educativa de Edith Stein

Aproximação a um gesto antropológico integral

Éric de Rus

A Visão Educativa de Edith Stein
Aproximação a um gesto antropológico integral

Tradução de
Isabelle Sanchis
Juvenal Savian Filho
Maria Cecília Isatto Parise
Paulo Pacheco

Revisão técnica de
Juvenal Savian Filho

Artesã

A visão educativa de Edith Stein
1ª edição
Copyright © 2015 Artesã Editora

É proibida a reprodução total ou parcial desta publicação, para qualquer finalidade, sem autorização por escrito dos editores. Todos os direitos desta edição são reservados à Artesã Editora.

COORDENAÇÃO EDITORIAL
Karol Oliveira

DIREÇÃO DE ARTE
Tiago Rabello

REVISÃO
Maggy de Matos

CAPA
Karol Oliveira

PROJETO GRÁFICO E DIAGRAMAÇÃO
Conrado Esteves

R949   Rus, Éric de.
        A visão educativa de Edith Stein : aproximação a um gesto antropológico integral / Éric de Rus ; tradução: Isabelle Sanchis... [et al.] ; revisão técnica: Juvenal Savian Filho. – Belo Horizonte : Ed. Artesã, 2015.
        144 p. ; 21 cm.

        ISBN: 978-85-88009-48-6

        1.Educação. 2. Psicologia. 3. Fenomenologia. 4. Filosofia. I. Sanchis, Isabelle. II. Savian Filho, Juvenal. III. Título.

CDU 37:159.9

Catalogação: Aline M. Sima CRB-6/2645

IMPRESSO NO BRASIL
Printed in Brazil

ARTESÃ EDITORA LTDA.
Site: www.artesaeditora.com.br
E-mail: contato@artesaeditora.com.br
Belo Horizonte/MG

A Catherine, minha esposa

A Milena, minha afilhada

A meus alunos

A educação é a arte suprema cujo material não é nem a madeira nem a pedra, mas a alma humana. (...) É a vida interior que é o fundamento último; a formação se faz do interior para o exterior.
Edith Stein

Não perder a verticalidade!
Zoe Dumitrescu-Buşulenga

Sumário

Apresentação 11

Livros, texto e poesias de Edith Stein traduzidos em francês e citados nesta obra 15

Abreviações 22

Capítulo 1 – A educação: dimensão crucial do pensamento de Edith Stein 23

1. O que é o ser humano? 25
2. A escolha do método fenomenológico 26
3. A abertura ao real 28
4. O ser humano: uma pessoa espiritual 30
5. A especificidade da visão educativa de Edith Stein 31

Capítulo 2 – A fundação antropológica da educação 37

1. A finitude humana 39
2. Incompletude e relação 42
3. A família, o Estado, a Igreja 43
4. Interioridade e educação 46
5. O paradigma artístico 48

Capítulo 3 – Educação e destinação natural da pessoa 51

1. O fundamento natural do trabalho educativo 53
2. A pessoa como unidade tripartite 54

3. Recomeçar pelo corpo 57
4. A formação do intelecto 62
5. O papel formador da cultura 64
6. A temática dos valores 68
7. Valor e aperfeiçoamento 71
8. O sentido afetivo (Gemüt) 73
9. O caráter 76
10. A esfera da liberdade 79
11. O cerne invariável da pessoa:
obstáculo à visada educativa? 82
12. Uma analogia musical 83
13. Uma interação criativa 86
14. A abertura a uma antropologia teológica 88

**Capítulo 4 – Educação e destinação
sobrenatural da pessoa** 91
1. A necessidade da graça 93
2. O amor como perfeição existencial suprema 97
3. A fé 102
4. Jesus Cristo: finalidade da educação 106
5. A incorporação a Cristo 109
6. A educação como caminho de santificação 111
7. Educar para a liberdade 114
8. A configuração a Cristo 117
9. Uma educação eucarística 119
10. "A nota pura emitida por toda criatura" 124

Conclusão – Envio 131

Bibliografia consultada 137

Apresentação

Este trabalho é o fruto e como a quintessência de uma longa frequentação da obra de Edith Stein, de uma escuta atenta de seu itinerário filosófico e espiritual, de seu pensamento antropológico e do laço que a une à educação.

O tema da educação ocupa lugar crucial no pensamento de Edith Stein, mesmo sem ter sido objeto de uma sistematização por parte da filósofa. Com efeito, os elementos relativos a essa temática encontram-se disseminados em toda a sua obra. Tal condição justifica amplamente o projeto de uma reconstituição de sua arquitetura de conjunto.

Para Edith Stein, a educação é uma "arte de dar forma à própria vida"[1]; é um gesto vivo, uma autêntica criação. Nessa linha, somos convidados a seguir passo a passo a concretização efetiva do gesto educativo, assim como seguimos a estrutura de uma melodia.

---

[1] Cf. "De l'art de donner forme à sa vie dans l'esprit de Sainte Élisabeth", in STEIN, E. *Source cachée. Œuvres spirituelles*. Paris: Cerf, 1998, pp. 79-98 (doravante, os textos tirados desse volume serão acompanhados da abreviação SC). Essa aspiração a dar forma à própria vida está presente em Edith Stein desde seu período de estudos em Breslau (cf. STEIN, E. *Vie d'une famille juive*. Paris: Cerf & Éditions du Carmel & Ad Solem, 2008, p. 177).

O que experimentamos profundamente ao escutar uma melodia? "Para nós, uma melodia não é uma simples sequência de sons que percebemos sensivelmente. Nela, há uma alma humana que canta"[2]. Em outras palavras, as articulações que estruturam por dentro uma melodia são todas pontos de apoio que permitem fazer sobressair a linha viva da melodia sem deter sua vitalidade. Do mesmo modo, apoiando-se sobre as dimensões essenciais do ser humano, Edith Stein encara o movimento melódico inerente ao gesto educativo como um movimento que leva à emissão da "nota precisa entoada por toda criatura"[3].

A educação é esse *gesto antropológico integral* preciso por meio do qual cada pessoa encaminha-se para a plenitude de sua essência, no respeito de sua destinação natural e sobrenatural. Trata-se, pois, de uma verdadeira aventura interior: nela, o pensamento e a vida são indissoluvelmente unidos.

Oferecendo ao leitor essas páginas num momento em que o pensamento de Edith Stein redesperta interesse no mundo todo e em que os estudos consagrados a ela afirmam-se com um dinamismo propriamente criador[4], esperamos

---

[2] STEIN, E. *L'être fini et l'Être éternel. Essai d'une atteinte du sens de l'être.* Nauwelaerts, 1972, p. 377. Doravante *L'être fini et l'Être éternel*.

[3] STEIN, E. "Qui es-tu douce lumière?", in STEIN, E. *Malgré la nuit. Poésies complètes*. Genebra: Ad Solem, 2002, p. 127.

[4] Gostaríamos de saudar de modo particular o Prof. Jean-François Lavigne (Université de Nice & Archives Husserl de l'École Normale Supérieur de Paris), que, com o Prof. Emmanuel Falque (Institut Catholique de Paris), a Profª. Sophie Binggeli (Collège des Bernardins e co-fundadora do Grupo de Pesquisa Steiniano) e os dominicanos do Saulchoir, teve a iniciativa do primeiro colóquio internacional na França consagrado a Edith Stein (*Edith Stein philosophe*, Paris, 11-12 de abril de 2013). Nossa gratidão vai também à Ir. Cécile Rastoin

encorajar a pesquisa steiniana, principalmente no campo do pensamento educativo, dando "um impulso em uma direção que é preciso seguir e (confiantes) que outros farão ainda melhor na sequência"[5].

O interesse da visão steiniana sobre a educação ultrapassa largamente, porém, o círculo dos especialistas. Apresentando-a sob uma forma sintética e acessível, esperamos que essa voz de pedagoga católica será mais bem conhecida e acolhida na polifonia das abordagens educativas.

Num contexto em que a educação impõe-se como desafio central de nossas sociedades e em que nossa esperança é fragilizada pela consciência frequentemente dolorosa dos impasses nos quais nos encontramos, a contribuição de Edith Stein revela-se extremamente preciosa.

Enfrentando com rigor a questão fundamental *O que é o ser humano?*, Edith Stein desenvolve uma visão educativa cuja exigência, nascida do amor pela verdade, é habitada por um sopro capaz de renovar de maneira fecunda a reflexão sobre a formação da pessoa humana.

(Carmelo de Montmartre), tradutora reconhecida da obra de Edith Stein em francês, ao Ir. Christof Betschart, o.c.d. (Teresianum, Roma), autor de uma notável tese de teologia sobre a individualidade da pessoa humana em Edith Stein (*Unwiederholbares Gottessiegel Personale Individualität nach Edith Stein*, Basileia: Friedrich Reinhardt Verlag, 2013 – Col. Studia Oecumenica Friburgensia, n. 58). Agradecemos, enfim, à Sra. Bénédicte Bouillot (Communauté du Chemin Neuf e professora convidada no Centre Sèvres, Paris), cuja bela tese de doutorado em filosofia (2013) anuncia uma verdadeira primavera das pesquisas steinianas na França (*Le noyau de l'âme selon Édith Stein. L'énigme du singulier: de l'épochè phénoménologique à la nuit obscure* – no prelo das edições Hermann).

[5] "Lettre à Hedwig Conrad-Martius", 05 de abril de 1933, in STEIN, E. *Correspondance*. Tomo I. Paris: Cerf & Éditions du Carmel & Ad Solem, 2009, p. 677. Doravante, citaremos esse primeiro volume da tradução francesa da correspondência de Edith Stein como C1.

Livros, textos e poesias de Edith Stein traduzidos em francês e citados nesta obra

"Amour pour Amour. Vie et Œuvre de Sainte Thérèse de Jésus", in *Source cachée. Œuvres spirituelles*. Trad. Cécile e Jacqueline Rastoin. Paris: Cerf, 1998.

> Título original: *Liebe um Liebe. Leben und Werk der hl. Teheresia von Jesus* (Amor com amor: vida e obra de Santa Teresa de Jesus). Ainda não traduzido em português. Tradução espanhola: "Amor con amor. Vida y obra de Santa Teresa de Jesús", in: *Obras completas*. Vol. V. Vários tradutores. Madri: Editorial Monte Carmelo, 2003.

Correspondance. Tomos I e II. Trad. Cécile Rastoin. Paris: Cerf & Éditions du Carmel & Ad Solem, 2009.

> Título original: *Briefe* (Cartas). Ainda não traduzidas em português. Tradução espanhola: "Cartas", in: *Obras completas*. Vol. I. Vários tradutores. Madri: Editorial Monte Carmelo, 2003.

De la personne humaine I – Cours d'anthropologie philosophique. Trad. Cécile Rastoin. Paris: Ad Solem & Cerf & Carmel, 2012.

> Título original: *Der Aufbau der menschlichen Person* (A estrutura da pessoa humana). Ainda não traduzido em português. Tradução espanhola: "Estructura de la persona humana", in: *Obras completas*. Vol. IV. Vários tradutores. Madri: Editorial Monte Carmelo, 2003.

De la personne. La structure ontique de la personne et sa problématique épistémologique. Trad. Philibert Secretan. Paris: Cerf, 1992.

> Título original: *Natur, Freiheit, Gnade* (Natureza, liberdade, graça). Ainda não traduzido em português. Tradução espanhola: "Naturaleza, Libertad y Gracia", in: *Obras completas*. Vol. III. Vários tradutores. Madri: Editorial Monte Carmelo, 2003.

"De l'art de donner forme à sa vie dans l'esprit de Sainte Élisabeth", in STEIN, E. *Source cachée. Œuvres spirituelles.* Trad. Cécile e Jacqueline Rastoin. Paris: Cerf, 1998.

> Título original: *Lebensgestaltung im Geist der hl. Elisabeth* (Formação da própria vida segundo o espírito de Santa Isabel da Hungria). Ainda não traduzido em português. Tradução espanhola: "Configuración de la vida en el espíritu de Santa Isabel", in: *Obras completas*. Vol. IV. Vários tradutores. Madri: Editorial Monte Carmelo, 2003.

De l'État. Trad. Philibert Secretan. Paris: Cerf, 1989.

> Título original: *Eine Untersuchung über den Staat* (Uma investigação sobre o Estado). Ainda não traduzido em português. Tradução espanhola: "Una investigación sobre el Estado", in: *Obras completas*. Vol. II. Vários tradutores. Madri: Editorial Monte Carmelo, 2003.

Épouse de l'Esprit Saint, in STEIN, E. *Malgré la nuit. Poésies complètes.* Trad. Cécile Rastoin. Genebra: Ad Solem, 2002.

> Título original: *Braunt des Heiligen Geistes* (Esposa do Espírito Santo). Ainda não traduzido em português. Tradução espanhola: "Esposa del Espírito Santo", in: *Obras completas*. Vol. V. Vários tradutores. Madri: Editorial Monte Carmelo, 2003.

"Exaltation de la Croix", in *Source cachée. Œuvres spirituelles.* Trad. Cécile e Jacqueline Rastoin. Paris: Cerf, 1998.

> Título original: *Kreuzerhebung* (A elevação da Cruz). Ainda não traduzido em português. Tradução espanhola: "Elevación de la Cruz", in: *Obras completas*. Vol. V. Vários tradutores. Madri: Editorial Monte Carmelo, 2003.

La Crèche et la Croix. Trad. G. Català e P. Secretan. Genebra: Ad Solem, 1995.

Coletânea de textos escritos entre 1931 e 1942 sobre o nascimento e a morte de Jesus. No Brasil, há a tradução do texto *O mistério do Natal*. Trad. Hermano José Cürten. Bauru: EDUSC, 1999. Os outros textos têm tradução espanhola: *Obras completas*. Vol. V. Vários tradutores. Madri: Editorial Monte Carmelo, 2003.

La femme. Cours et conférences. Trad. Cécile Rastoin. Paris: Cerf & Carmel & Ad Solem, 2008.

Coletânea de textos sobre a natureza feminina e a relação homem-mulher: (1) *Les fondements de l'éducation féminine* (*Grundlagen der Frauenbildung* – Os fundamentos da educação feminina); (2) *Les problèmes posés par l'éducation moderne des jeunes filles* (*Probleme der neueren Mädchenbildung* – Problemas suscitados pela educação das jovens); (3) *Vie chrétienne de la femme* (*Christliches Frauenleben* – A vida cristã da mulher); (4) *La valeur spécifique de la femme et son importance pour la vie du peuple* (*Der Eigenwert der Frau in seiner Bedeutung für das Leben des Volkes* – O valor específico da mulher e sua importância para a vida do povo); (5) *L'ethos des professions féminines* (*Das Ethos der Frauenberufe* – O ethos das profissões femininas); (6) *La vocation de l'homme et de la femme selon l'ordre de la nature et de la grâce* (*Beruf des Mannes und der Frau nach Natur- und Gnadenordnung* – Vocação do homem e da mulher segundo a ordem da natureza e da graça); (7) *La destination de la femme* (*Die Bestimmung der Frau* – A destinação da mulher); (8) *La fondation théorique de l'éducation féminine* (*Theoretische Begründung der Frauenbildung* – Fundamentação teórica da educação feminina). Os textos (1)-(6) estão traduzidos em português na coletânea *A mulher – Sua missão segundo a natureza e a graça*. Trad. Alfred J. Keller. Bauru: EDUSC, 1999. Os textos (7)-(8) não estão traduzidos em português, mas podem ser lidos na tradução espanhola: *Obras completas*. Vol. V. Vários tradutores. Madri: Editorial Monte

Carmelo, 2003 (pp. 195-214 : Fundamentos de la formación de la mujer; pp. 245-254: La misión de la mujer).

La phénoménologie. Journée d'études de la Société Thomiste (Juvisy – França, 12 de setembro de 1932). Paris: Cerf, 1932.

> Título original: *La phénoménologie: Interventions de Mademoiselle Edith Stein à la Journée d'Études de la Société Thomiste* (A fenomenologia: Intervenções da senhorita Edith Stein na Jornada de Estudos da Sociedade Tomista). Ainda não traduzido em português. Tradução espanhola: "La fenomenología: Intervenciones de Edith Stein em la Jornada de estudios de la Sociedad Tomista", in: *Obras completas*. Vol. III. Vários tradutores. Madri: Editorial Monte Carmelo, 2003.

"La prière de l'Église", in STEIN, E. *Source cachée. Œuvres spirituelles*. Trad. Cécile e Jacqueline Rastoin. Paris: Cerf, 1998.

> Título original: *Das Gebet der Kirche* (A oração da Igreja). Tradução brasileira: *A oração da Igreja*. Trad. da Companhia das virgens. São Paulo: Agir, 1958.

L'art d'éduquer – Regard sur Thérèse d'Avila. Genebra: Ad Solem, 1999.

> Título original: *Eine Meisterin der Erziehungs und Bildungsarbeit: Teresia von Jesus* (Uma mestra na educação e na atividade de formar: Teresa de Jesus). Ainda não traduzido em português. Tradução espanhola: "Una maestra en la educación y en la formación: Teresa de Jesús", in: *Obras completas*. Vol. V. Vários tradutores. Madri: Editorial Monte Carmelo, 2003.

La science de la Croix. Passion d'amour de Saint Jean de la Croix. Paris: Béatrice-Nauwelaerts, 1975.

> Título original: *Kreuzeswissenschaft* (Ciência da Cruz). Tradução brasileira: *A ciência da cruz*. Trad. Beda Kruse. São Paulo: Loyola, 1990.

"La signification de la phénoménologie comme conception du monde", in *Phénoménologie et philosophie chrétienne*. Trad. Philibert Secretan. Paris: Cerf, 1987.

> Título original: *Die weltanschauliche Bedeutung der Phänomenologie* (O significado da fenomenologia como visão-de-mundo). Traduzido em português: "O que significa mundivisão na fenomenologia". Trad. Enio Paulo Giachini, in: *Revista Filosófica São Boaventura*. Vol. 7, n. 1, jan.-jun, 2014. Curitiba: Instituto São Boaventura, pp. 111-123.

Le château de l'âme. Trad. Cécile Rastoin, apud DE RUS, É. *Interiorité de la personne et éducation chez Édith Stein*. Paris: Cerf, 2006, Anexo II.

> Título original: *Die Seelenburg* (A cidadela da alma). Ainda não traduzido em português. Tradução espanhola: "El castillo interior", in: *Obras completas*. Vol. V. Vários tradutores. Madri: Editorial Monte Carmelo, 2003.

Le problème de l'empathie. Trad. Michel Dupuis. Paris: Cerf & Ad Solem & Carmel, 2012.

> Título original: *Zum Problem der Einfühlung* (O problema da empatia). Ainda não traduzido em português. Tradução espanhola: "Sobre el problema de la empatía", in: *Obras completas*. Vol. II. Vários tradutores. Madri: Editorial Monte Carmelo, 2003.

"Le signe de la Croix", in STEIN, E. *Malgré la nuit. Poésies complètes*. Trad. Cécile Rastoin. Genebra: Ad Solem, 2002.

> Título original: *Signum crucis* (O sinal da Cruz). Ainda não traduzido em português. Tradução espanhola: "Signum Crucis", in: *Obras completas*. Vol. V. Vários tradutores. Madri: Editorial Monte Carmelo, 2003.

Les voies de la connaissance de Dieu. La théologie symbolique de Denys l'Aréopagite. Trad. Cécile Rastoin. Genebra: Ad Solem, 2003.

Título original: *Wege der Gotteserkenntnis: Die "symbolische Theologie" des Areopagiten und ihre sachlichen Voraussetzung* (Vias do conhecimento de Deus: a "Teologia simbólica" do Areopagita [Dionísio, o Pseudoareopagita] e seus pressupostos objetivos). Ainda não traduzido em português. Tradução espanhola: "Caminos del conocimiento de Dios: La 'Teología simbólica' del Areopagita y sus presupuestos objetivos", in: *Obras completas*. Vol. V. Vários tradutores. Madri: Editorial Monte Carmelo, 2003.

L'être fini et l'Être éternel. Essai d'une atteinte du sens de l'être. Trad. G. Casella e F. A. Viallet. Nauwelaerts, 1972.

Título original: *Endliches und ewiges Sein: Versuch eines Aufstieges zum Sinn des Seins* (Ser finito e Ser eterno: Ensaio de uma ascensão ao sentido do ser). Ainda não publicado em português. Tradução espanhola: "Ser finito y ser eterno", in: *Obras completas*. Vol. II. Vários tradutores. Madri: Editorial Monte Carmelo, 2003.

"L'histoire et l'esprit du Carmel", in STEIN, E. *Source cachée. Œuvres spirituelles*. Trad. Cécile e Jacqueline Rastoin. Paris: Cerf, 1998.

Título original: *Über Geschichte und Geist des Karmel* (A história e o espírito do Carmelo). Ainda não traduzido em português. Tradução espanhola: "Sobre la historia y el espíritu del Carmelo", in: *Obras completas*. Vol. V. Vários tradutores. Madri: Editorial Monte Carmelo, 2003.

"Qui es-tu douce lumière?", in STEIN, E. *Malgré la nuit. Poésies complètes*. Trad. Cécile Rastoin. Genebra: Ad Solem, 2002.

Título original: *Aus einer Pfingstnovene* (Novena de Pentecostes). O título da tradução francesa é o primeiro verso do poema: Quem és tu, doce luz? Ainda não traduzido em português. Tradução espanhola: "Novena de Pentecostés", in: *Obras completas*. Vol. V. Vários tradutores. Madri: Editorial Monte Carmelo, 2003.

"Vie cachée et épiphanie", in STEIN, E. *Source cachée. Œuvres spirituelles.* Trad. Cécile e Jacqueline Rastoin. Paris: Cerf, 1998.

> Título original: *Verborgenes Leben und Epiphanie* (Vida escondida e epifania). Ainda não traduzido em português. Tradução espanhola: "Vida escondida y Epifanía", in: *Obras completas.* Vol. V. Vários tradutores. Madri: Editorial Monte Carmelo, 2003.

Vie d'une famille juive. Trad. Cécile e Jacqueline Rastoin. Paris: Cerf & Éditions du Carmel & Ad Solem, 2008.

> Título original: *Aus dem Leben einer jüdischen Familie* (Vida de uma família judia). Ainda não traduzido em português. Tradução espanhola: "Vida de una familia judía", in: *Obras completas.* Vol. I. Vários tradutores. Madri: Editorial Monte Carmelo, 2003.

Abreviações

C1 – *Correspondance* (Correspondência. Volume I)

C2 – *Correspondance* (Correspondência. Volume II)

F – *La femme. Cours et conférences* (A mulher. Cursos e conferências)

SC – *Source cachée. Œuvres spirituelles* (Fonte escondida. Obras espirituais)

CAPÍTULO 1

A EDUCAÇÃO: UMA DIMENSÃO CRUCIAL DO PENSAMENTO DE EDITH STEIN

1. O que é o ser humano?

Os temas abordados por Edith Stein como filósofa correspondem sempre às interrogações que a habitam e a engajam pessoalmente: "Meus trabalhos não são mais do que decantações daquilo que me absorvia na vida, pois uma das minhas características é a necessidade de refletir sobre o que constitui minha vida"[6]. Dessa perspectiva, não é exagerado considerar Edith Stein como alguém que nunca escreve a não ser sob um impulso interior irresistível[7].

Em sua autobiografia, a *Vida de uma família judia*, Edith Stein evoca "um assunto que pessoalmente [lhe] dizia respeito e sobre o qual [ela] não parou de debruçar-se em todos [os seus] trabalhos ulteriores: a constituição da pessoa humana"[8].

---

[6] Carta a Roman Ingarden, 15 de outubro de 1921, C1, p. 264.
[7] Cf. Carta a Roman Ingarden, 13 de dezembro de 1921, C1, p. 268.
[8] *Vie d'une famille juive*, p. 511. A primeira referência a esse tema encontra-se em uma carta a Roman Ingarden, de 28 de janeiro de 1917 (C1, pp. 64-65). De maneira ainda mais pessoal e em referência ao seu ensaio *Causalidade psíquica*, ela declara: "Como 'trabalho', tenho sempre em mente fazer a análise da pessoa" (Carta a Roman Ingarden, 19 de fevereiro de 1918, C1, p. 118). Ela confirma isso em uma letra a Fritz Kaufmann, de 9 de março de 1918, no momento em que ela acabava de encerrar seu trabalho de assistente de Husserl: "Eu trabalho agora sobre a análise da pessoa" (C1, p. 122).

A questão *O que é o ser humano?* constitui o eixo que permite uma decifração unificada da obra steiniana.

Com base em suas produções filosóficas na escola da fenomenologia (desde 1916), Edith Stein lança os fundamentos de uma reflexão sobre a pessoa humana – indissociável da busca de sentido – que se enriquecerá e se precisará pelo contato de seu diálogo com o pensamento cristão durante seu engajamento educativo como conferencista e professora (1923-1933) e, enfim, em seus textos de teor espiritual e místico (1933-1942). A coerência de seu itinerário intelectual e existencial reside precisamente na busca constante da verdade do ser humano, segundo um movimento que eleva sempre a compreensão da pessoa e o perfazimento do sentido de seu ser.

> "*O que é o humano?*" Encontrar uma resposta a essa questão, eis a tarefa de uma reflexão sobre o ser humano, ou, dito de outra maneira, de uma *antropologia*. Não é evidente o que se deve entender por esse termo.[9]

A delicada elucidação dessa questão requer a escolha de um método rigoroso.

2. A escolha do método fenomenológico

Durante o período em que estuda em Breslau (1911-1913), Edith Stein toma conhecimento das *Investigações lógicas* de Edmund Husserl. Sabemos já o impacto considerável dessa leitura sobre tantos jovens intelectuais da época[10], entre os quais Edith Stein, que decidiu juntar-se ao mestre em

---

[9] *De la personne humaine* I – Cours d'anthropologie philosophique. Paris: Ad Solem & Cerf & Carmel, 2012, p. 45 (doravante *De la personne humaine* I).
[10] Cf. *Vie d'une famille juive*, pp. 324-325.

Gotinga, aonde ela chega no dia 17 de abril de 1913: "Eis o que me conduz [...] ao motivo de minha ida para Gotinga: a fenomenologia e os fenomenólogos"[11].

Nossa autora não cessa de lembrar que a fenomenologia é, antes de tudo, um *método* de análise descritiva, elaborado por Husserl, que "nunca sonhou em edificar um sistema filosófico, como fizera a maior parte dos que o precederam"[12]. Esse método – e Edith Stein estava convencida de que ele "já havia sido utilizado pelos grandes filósofos de todos os tempos, mesmo se eles não o fizeram de maneira exclusiva nem com plena consciência do próprio procedimento"[13] – foi para ela uma autêntica experiência de libertação.

A ambição fenomenológica de "edificar uma filosofia que merecesse verdadeiramente o nome de ciência"[14], quer dizer, a reabilitação de um conhecimento objetivo e rigoroso da realidade, representa uma liberação radical com relação a todas as formas de relativismo[15]. Isso se traduz em particular por uma ruptura com a "psicologia causalista [...], elaborada sobre o modelo da ciência moderna da Natureza física"[16].

---

[11] *Ibidem*, p. 320.

[12] "La signification de la phénoménologie comme conception du monde", in *Phénoménologie et philosophie chrétienne*. Paris: Cerf, 1987, p. 6 (doravante *La signification de la phénoménologie*).

[13] *De la personne humaine* I, pp. 61-62.

[14] *La phénoménologie. Journée d'études de la Société Thomiste* (Juvisy, 12 de setembro de 1932). Paris : Cerf, 1932, p. 44 (doravante *La phénoménologie*).

[15] "O primeiro volume das *Investigações lógicas* tinha sido publicado em 1900 e visto como um acontecimento por sua crítica radical do psicologismo reinante e de outras formas de relativismo" (*Vie d'une famille juive*, p. 324).

[16] *Le problème de l'empathie*. Paris: Cerf & Ad Solem & Carmel, 2012, p. 93 (doravante *Le problème de l'empathie*).

Os apoiadores dessa psicologia sem alma "consideram os sentimentos 'complexos de sensações orgânicas'"[17], o que equivale a considerar as vivências de consciência do sujeito como efeitos de causas materiais. No extremo oposto dessa tomada de partido, a fenomenologia convida a uma investigação sem preconceitos sobre a maneira como as coisas aparecem para nós, sem nada excluir *a priori*: Como um sujeito vivencia a si mesmo em seu próprio interior? Como ele vivencia a experiência de um mundo? A experiência de um semelhante?[18] As relações intersubjetivas? A relação com Deus? E assim por diante.

3. A abertura ao real

Seria tentador orientar os "passos com um sistema particular"[19] para responder à questão *"O que é o ser humano?"*, mas isso significaria paralisar artificialmente a interrogação, adotando uma resposta *a priori*. Essa maneira de proceder

---

[17] *Ibidem*, pp. 91-92. Esse psicologismo vai "sempre mais na direção do método das ciências naturais e terminou finalmente por querer reconstituir todas as impulsões da alma com base nas sensações dos sentidos, ao modo de uma coisa espacial e material composta por átomos: não somente se negou tudo o que era estável e durável, o fundamento da realidade das manifestações mutáveis, quer dizer, a vida que flui, mas também se desconectou do fluxo da vida da alma o espírito, o sentido e a vida" (*Le château de l'âme*, trad. francesa de Cécile Rastoin, *apud* DE RUS, É. *Interiorité de la personne et éducation chez Édith Stein*. Paris: Cerf, 2006, Anexo II, pp. 263-296 – a passagem aqui citada está na página 290).

[18] Vivenciar a experiência de um semelhante é a empatia, que designa "uma espécie fundamental de atos nos quais se capta o vivenciar alheio [...], a experiência da consciência alheia em geral [...], a experiência que um eu, considerado em geral, tem de outro eu considerado em geral" (*Le problème de l'empathie*, pp. 23, 31, 32).

[19] *De la personne humaine* I, p. 60.

contrapõe-se à atitude fenomenológica na qual Edith Stein vê uma condição essencial para "o trabalho de criação em filosofia"[20]. Com efeito, o método fenomenológico exige que "não nos informemos das teorias sobre as coisas, mas que ponhamos fora de circuito, tanto quanto é possível, tudo o que ouvimos, lemos ou esquematizamos por nossa própria conta e que nos voltemos para as coisas com um olhar sem prevenções, a fim de propiciar a intuição imediata"[21]. Designando a fenomenologia como "um procedimento de 'revelação' (*Aufweis*) reflexiva" das essências[22], Edith Stein sublinha o realismo fulcral das mesmas essências. Só uma "atitude cognitiva simples, submissa ao objeto,

---

[20] *Vie d'une famille juive*, p. 368.

[21] *De la personne humaine* I, p. 62. "Existe uma intuição daquilo que [a coisa] é em virtude de sua essência [...]. O ato pelo qual se obtém a essência é um *olhar espiritual*, o que Husserl denomina *intuição*" (*Ibidem*). A respeito da intuição ou visão de essência, Edith Stein declara: "De minha parte, entendo por intuição a operação cognitiva que extrai dos objetos concretos sua estrutura geral [...]. A tarefa que deve ser efetuada para conhecer a essência consiste [...] em progredir, por meio do exame das contingências – quer dizer, examinando quais variações são concebíveis sem que a coisa deixe de ser uma coisa de sua respectiva essência [...] – até a determinação do que aparece necessariamente em sua constituição" – "Les problèmes posés par l'éducation moderne des jeunes filles", in: *La femme. Cours et conférences*. Paris: Cerf & Carmel & Ad Solem, 2008, pp. 300, 306 (os textos tirados desse volume serão doravante marcados por um "F"). Edith Stein distingue "conceitos" e "essências": nós "*formamos* os conceitos, extraindo *sinais característicos* de um objeto. Temos certa liberdade para formá-los. [...] O *conceito* é *formado* para determinar o objeto. A *essência* é *encontrada* vendo-se o objeto; ela é inteiramente isenta do pensamento arbitrário. A essência faz parte do objeto; o conceito é uma formação que se remete ao objeto e visa a ele. *A formação do conceito pressupõe a captação da essência*. É aí que se nutre a formação do conceito" (*L'être fini et l'Être éternel*, p. 72).

[22] *La phénoménologie*, p. 42.

e, por isso mesmo, humilde"[23] permite alcançar a estrutura essencial das coisas.

4. O ser humano: uma pessoa espiritual

Contrariamente à "tendência de Husserl a fazer abstração da existência e de tudo o que há de concreto e de pessoal"[24], a reflexão steiniana sobre a pessoa humana não se fixa apenas no Eu puro[25], mas mostra-se intensamente atenta à profundidade do sujeito tal como ele se experimenta e se vivencia *realmente* do interior.

Interrogando-se sobre o que é o ser humano e procurando captar a essência específica do humano, Edith Stein escreve: "cada ser humano é uma pessoa espiritual"[26]. O adjetivo *espiritual* designa aqui "o não espacial e o não material; [...] é aquele que possui uma *interioridade* em um sentido certamente não espacial e que permanece em *si*, saindo de si mesmo"[27].

---

[23] "Quanto a Husserl, é preciso dizer que sua maneira de guiar o olhar sobre as coisas mesmas e de educar para captá-las intelectualmente com todo rigor e descrevê-las de modo sóbrio, fiel e consciencioso libertou [seus alunos] de tudo o que é arbitrário e de toda presunção no conhecimento, conduzindo a uma *atitude cognitiva simples, submissa ao objeto* e, portanto, *humilde*" (*La signification de la phénoménologie*, p. 16).

[24] *La phénomenólogie*, p. 48. Ver também a carta a Roman Ingarden, 24 de outubro de 1926, C1, p. 328.

[25] "O Eu que se experimenta não é o Eu puro, pois o Eu puro não tem profundidade" – *Le problème de l'empathie*, p. 161. Edith Stein lembra o que é o Eu puro para Husserl: "o puro sujeito de seus atos, sem propriedades humanas. A pessoa mesma, com suas qualidades, seu destino etc., pertence, como as outras pessoas, ao mundo que se constitui em certos atos do sujeito puro" – *La signification de la phénoménologie*, p. 12.

[26] *L'être fini et l'Être éternel*, p. 425.

[27] *Ibidem*, p. 360.

A questão que nos colocamos é, então, a seguinte: se o sentido da pessoa humana pode ser pensado sob o modo *dinâmico* de um desvelamento do que está inicialmente escondido em sua *interioridade*, então o que é que pode ajudar-nos a captar o sentido de tal *manifestação*?

Para responder a essa questão, convém precisamente voltar-se para a concepção educativa de Edith Stein. Afinal, se "o problema mais urgente para todo ser humano é saber o que nós somos, o que devemos ser e como podemos chegar lá, [...] isso assume uma importância toda particular para o educador"[28] por uma razão bastante simples: a educação é aquilo que põe em marcha, de maneira exemplar, a edificação da pessoa, a manifestação do sentido de seu ser.

5. A constância da temática educativa

Interrogar-se sobre o sentido da pessoa humana com base no ato educativo não é evidente já de saída. Deixada em silêncio por alguns estudiosos do pensamento steiniano[29] e quase exclusivamente ligada à temática da vocação feminina por outros[30], a reflexão de Edith Stein sobre *a educação em si mesma* permanece um campo de pesquisa ainda amplamente aberto[31].

---

[28] *De la personne humaine* I, p. 270.

[29] Ver, por exemplo, GUILEAD, R. *De la phénoménologie à la science de la croix*. Louvain & Paris : Nauwelaerts, 1973.

[30] Ver BORDEN, S. *Edith Stein*. Nova York: Continuum International Publishing Group, 2004. Cf., por exemplo, o Capítulo 4, "Woman and women's education", pp. 68-89. Para um estudo aprofundado da questão, cf. BINGELI, S. *Le féminisme chez Édith Stein*. Paris: Parole et Silence, 2010.

[31] Ver PEZZELLA, A. M. *Lineamenti di filosofia dell'educazione. Per una prospettiva fenomenologica dell'evento educativo*. Cidade do Vaticano:

A permanência da questão educativa na obra e na vida de Edith Stein constitui, por si só, uma razão suficiente para reconhecer sua centralidade.

Essa estima pela educação enraíza-se, antes de tudo, no ambiente familiar de Edith Stein[32] e marca todo o seu itinerário. Desde sua formação universitária em Breslau (1911-1913), ela se interessa pelas "grandes questões da educação"[33], participa de "debates sobre questões pedagógicas"[34], sem separar essas questões da "prática do ensino na escola"[35]. Esse interesse persiste nos anos seguintes (1913-1915), durante seus estudos na Universidade de Gotinga[36].

Depois de sua adesão à fé cristã (1921) e antes de entrar no Carmelo de Colônia (1933), Edith Stein aplica-se à elaboração de uma concepção católica de pedagogia. Durante esse período, ela assume um duplo compromisso de professora: por um lado, lecionando no instituto das irmãs dominicanas

---

Lateran University Press, 2008; ALES BELLO, A. & PEZZELLA, A. M. (eds.). *L'avventura educativa – Antropologia, Pedagogia, Scienze*. Cidade do Vaticano: Lateran University Press, 2013.

[32] "Um dos aspectos de nossa família que sempre me impressionou é a imensa estima que tínhamos pela educação": BATZDORFF, S. *Édith Stein, ma tante*. Bruxelas: Lessius-Racine, 2000, p. 101.

[33] *Vie d'une famille juive*, p. 247.

[34] *Ibidem*. Sobre o "Grupo de Pedagogia" do qual ela fez parte, ver pp. 246-259.

[35] *Ibidem*, p. 247. "Os futuros professores consideravam uma lacuna insuperável o fato de a universidade não fazer nada de adequado para preparar os estudantes à sua futura profissão. Havia, é claro, cursos teóricos de pedagogia; e nós tínhamos de poder mostrar algum conhecimento a esse respeito no momento do exame final. Mas não se permitia um confronto direto com as grandes questões da educação e com a prática do ensino na escola" – *Ibidem*, pp. 246-147.

[36] Cf. *ibidem*, p. 355. Desde 1915, Edith Stein ensinou latim como professora temporária no liceu Viktoria de Breslau, onde ela estudara alguns anos antes (*Ibidem*, pp. 499-502).

de Espira (Speyer), de 1923 a 1931, e no Instituto de Ciências Pedagógicas de Münster, de 1932 a 1933; por outro lado, como conferencista, produzindo certo número de textos relativos à formação humana (escolar e universitária).

Já no Carmelo (1933-1942), com o nome de Teresa Benedita da Cruz, Edith Stein realiza uma autêntica ação formadora junto de suas irmãs[37]. Trazendo à luz a pedagogia de Teresa de Ávila[38], ela não deixa de cavar a significação mística da educação, sobre o que ela já se havia debruçado antes mesmo de sua vida de carmelita.

Reconhecendo a importância do tema da educação em Edith Stein, é preciso esclarecer desde já que nossa autora não o sistematiza. Apesar de uma tentativa de esquematizar algumas linhas diretrizes de "uma espécie de sistema Montessori – que seria posto em prática desde a primeira infância até o limiar das escolas profissionais –"[39], os elementos relativos à educação permaneceram espalhados em sua obra.

Nessas condições, não é somente legítimo mas também do mais elevado interesse procurar reconstituir a *arquitetura de conjunto* da visão educativa de Edith Stein.

6. A especificidade da visão educativa de Edith Stein

É possível e sem dúvida instrutivo confrontar a visão educativa de Edith Stein com a de outros pensadores católicos.

---

[37] Ver RASTOIN, C. *Édith Stein (1891-1942). Enquête sur la Source*. Paris: Cerf, 2007, pp. 225-254.

[38] Cf. *Un maître dans l'art d'éduquer et de former: Sainte Thérèse de Jésus*, publicado em francês com o título *L'art d'éduquer – Regard sur Thérèse d'Avila*. Genebra: Ad Solem, 1999. Doravante *L'art d'éduquer – Regard sur Thérèse d'Avila*.

[39] *Les fondements de l'éducation féminine*, F, p. 106. Ver também o resumo da reunião da Comissão para a Educação do KDF (Aliança das Mulheres Católicas Alemãs), ocorrida em Bendorf, aos 8-9 de novembro de 1930: F, p. 433.

Isso poderia ser feito com John Henry Newman, cuja obra *Ideia de universidade*, bem como sua correspondência e seu *Diário* foram traduzidos por Edith Stein nos anos 1923-1924, mas igualmente com Maria Montessori[40], Jacques Maritain[41] ou ainda com contemporâneos nossos, como Madeleine Daniélou[42] e Hélène Lubienska de Lenval[43].

No entanto, a abordagem de Edith Stein merece ver destacada sua especificidade. Aliás, podemos encontrar nela uma tripla característica. De saída, há a exigência de uma fundamentação antropológica que consiste em tornar clara a visão de ser humano subjacente ao gesto educativo: "Educar significa guiar outros seres humanos, de modo que eles se tornem aqueles que eles devem ser. Não se pode fazer isso, portanto, sem saber o que é o ser humano, a que ele se assemelha, para o que ele deve ser guiado e quais são os caminhos possíveis"[44].

Em seguida, há a insistência sobre a dimensão interior do ser humano, pois a educação é aqui compreendida como uma *formação integral da pessoa com base em sua interioridade.*

---

[40] "Tive a impressão de que os escritos de Montessori eram de grande significação e passíveis de serem fundamentados de maneira católica" – Carta a Elisabeth Nicola e Helene Lieb, 20 de dezembro de 1935, in: STEIN, E. *Correspondance – Vol. II*. Paris: Cerf & Carmel & Ad-Solem, 2012, p. 231 (doravante C2). Edith Stein encontrava-se ligada a Helène Helming, membro da Aliança das Mulheres Católicas até 1935 e fundadora da União Montessori (ver C2, p. 162, nota 1).

[41] Ver MARITAIN, J. *Pour une philosophie de l'éducation*. Paris : Fayard, 1969.

[42] Ver DANIELOU, M. *Écrits*. 3 vols. Ed. Blandine-D. Berger. Paris: Cerf, 2011.

[43] Ver NEYRET, M. *Hélène Lubienska de Lenval. Pour une pédagogie de la personne*. Paris : Lethielleux, 1994.

[44] *De la personne humaine* I, p. 270.

Enfim, vem o "lado radicalmente orientado para o sobrenatural"[45], pois a educação é concebida por Edith Stein como um processo de verticalização do ser humano em direção à transcendência. Sob esse aspecto, sua visão educativa merece ser qualificada de *mística*, no sentido de que o mistério do ser humano enraíza-se no mistério de Deus, revelado em Cristo, em quem se descortinou a finalidade última da pessoa: o desdobramento completo dessa "humanidade realizada, pura expressão da natureza libertada e transfigurada pela força da graça"[46].

---

[45] Carta a Ottilie Küchenhoff, 7 de dezembro de 1930, C1, p. 475. Essa orientação valeu a Edith Stein numerosas críticas e a fez sentir-se em certo "descompasso" com o mundo (ver Carta de Gerta Krabbel aos participantes do congresso de 8-9 de novembro de 1930, C1, pp. 470-471, e Carta a Callista Kopf, 11 de outubro de 1932, C1, p. 627).

[46] *De l'art de donner forme à sa vie*, SC, p. 98.

CAPÍTULO 2

A FUNDAÇÃO ANTROPOLÓGICA DA EDUCAÇÃO

1. A finitude humana

Todo *trabalho* que visa educar seres humanos extrai sua orientação de dentro de alguma concepção do que é o ser humano, seu lugar no mundo, aquilo com que se ocupa, assim também como das possibilidades de agir praticamente sobre o ser humano e de o formar. A teoria da formação dos humanos, que chamamos *ciência da educação*, deve ser organicamente integrada a uma visão global do mundo, quer dizer, a uma *metafísica*.[47]

Educar é refletir acerca da questão inevitável: *"O que é o ser humano?"*. Edith Stein enfrentou com determinação essa questão, como testemunham seus cursos de 1932-1933[48], que traduzem um cuidado exemplar em fundar antropológica, filosófica e teologicamente a educação.

Se a imagem do ser humano tem uma importância capital tanto pela estrutura da ciência da educação, quanto pelo

---

[47] *De la personne humaine* I, p. 22.
[48] "Durante esse semestre, eu ofereci cursos sobre a antropologia filosófica [*A construção da pessoa humana*]; queria tentar, neste verão, abordar os problemas do ponto de vista teológico [*O que é o ser humano?*]. Foram apenas tentativas de continuar meus trabalhos anteriores e chegar a lançar as bases da pedagogia" – Carta a Hedwig Conrad-Martius, 24 de fevereiro de 1933, C1, p. 667.

trabalho pedagógico, então a Pedagogia deve, absolutamente, considerar aquilo em que consiste. Ela nada dirá se não for capaz de responder à questão "o que é o ser humano?"[49]

O ser humano se define essencialmente como um "eu consciente e livre"[50]. Ele é o sujeito de uma vida consciente, consciente de si mesma. Em condições normais de existência, cada indivíduo, ao tomar consciência de si mesmo e ao experimentar a certeza de seu próprio existir, interroga-se sobre o sentido desse existir: "o que é o existir (ser) de que eu sou consciente?"[51]. A tomada de consciência de si abre, portanto, ao conhecimento de si, à exploração do eu, quer dizer, deste "ente cujo ser é vida"[52]. O ente humano é capaz de se conhecer e de progredir nesse conhecimento[53] até o ponto de "compreender sua vida e dar-lhe forma livremente por si mesmo"[54].

Conhecer-se é reconhecer sua finitude, o fato de "*ser algo e não ser tudo*"[55]. O ser humano se experimenta temporalmente como "*conservado no existir* a todos os instantes"[56] e, ao mesmo tempo, como constantemente "exposto à

---

[49] *De la personne humaine* I, p. 45.

[50] "Por *pessoa* nós entendemos o eu consciente e livre" – *L'être fini et l'Être éternel*, p. 374.

[51] *Ibidem*, p. 42.

[52] "Por *eu*, nós entendemos o ente cujo ser é vida (não a vida no sentido de formação da matéria, mas como desabrochamento do eu em um existir que surge dele mesmo) e que, nesse ser, é consciente de si mesmo (na forma inferior da sensibilidade confusa ou na esfera mais alta da consciência desperta)" – *L'être fini et l'Être éternel*, p. 373.

[53] Cf. *Ibidem*, pp. 426-427 (§ Degraus do conhecimento de si).

[54] *Ibidem*, p. 362.

[55] *Ibidem*, p. 67.

[56] *Ibidem*, p. 64.

possibilidade do não-ser"[57]. A experiência de *passar* não é exclusivamente negativa, visto que ela significa, positivamente, *durar* de instante em instante. O ser humano, passando, vive conjuntamente seu ser como "algo de recebido"[58]. Assim, ele descobre o existir como aquilo que lhe é dado de momento em momento e cuja realidade é mais consistente do que a sua própria. Isso leva a dizer que a finitude, na medida em que é posição ontológica fundamental, designa o ser humano como criatura, quer dizer, como um ser que só existe na dependência do "*ser mesmo*" que é infinito e criador[59]. O ser humano vive seu ser como uma participação temporal do Ser mesmo.

Mergulhada na sucessão temporal, a existência humana se situa constantemente "entre o que não é mais e o que não é ainda"[60], em estado permanente de "passagem da potência ao ato"[61].

> O que eu sou agora no estado de atualidade, eu o fui no passado, mas sem o ser no estado de atualidade. Meu ser presente contém a possibilidade de um ser atual futuro e pressupõe uma possibilidade no meu ser anterior. Meu ser presente é atual e potencial, ao mesmo tempo real e possível.[62]

---

[57] *Ibidem*, p. 67.
[58] *Ibidem*, p. 60.
[59] "É verdadeiramente infinito aquilo que não pode acabar por não ter recebido o ser como um dom; é aquilo que está em *posse do ser*, é o mestre do ser; na verdade, é o *ser mesmo*. Nós o chamamos o *ser eterno*" – *Ibidem*, p. 67. É dessa perspectiva que Edith Stein declara: "Nossas pesquisas sobre o ser finito nos conduziram ao ser eterno na medida em que é ser original e de quem depende todo outro ser" – *Ibidem*, p. 378.
[60] *Ibidem*, p. 43.
[61] *Ibidem*, p. 319.
[62] *Ibidem*, p. 44.

É justamente à luz da finitude humana assim compreendida que convém apreender a educação. Devido à sua finitude, "o ser humano não pode atualizar de uma só vez a força de que ele dispõe por sua natureza"[63]; é por isso que ele está envolvido por uma dinâmica de incessante desdobramento de seu ser. Ora, a educação nada mais é do que precisamente esse processo de atualização das potencialidades da pessoa, processo de incansável aperfeiçoamento.

2. Incompletude e relação

> Considerar um indivíduo humano isolado, é considera-lo de maneira parcial. Sua existência é uma existência no mundo, sua vida uma vida em comunidade. [...] Esta inserção num todo mais vasto faz parte integrante da estrutura do ser humano.[64]

A educação sempre se encarna no espaço concreto de uma relação. Cuidar dessa relação exige do educador, notadamente, que ele leve em conta as condições reais da existência das pessoas que lhe são confiadas[65], mantendo, para isso, o diálogo aberto entre as gerações[66]. Isso supõe, além do mais, que se monitorem as condições favoráveis do

---

[63] *De la personne humaine* I, p. 188.
[64] *Ibidem*, p. 229.
[65] "É também uma missão conhecer a vida na qual as crianças devem se inserir". Carta à Irmã Callista Kopf, 20 de outubro de 1932, C1, p. 633.
[66] "Nós vimos bem [...] que sobre algumas questões, a geração mais velha e a mais jovem têm dificuldades para se compreender. Deve-se, mesmo assim, esforçar-se para manter o vínculo. Sempre há algo a aprender quando se escutam, sem preconceito, as concepções dos mais velhos e quando se reflete a respeito delas de forma madura, sobretudo com base na experiência que eles têm". Carta à Irmã Rosa Magold, 16 de junho de 1931, C1, p. 527.

ensino, assim como do pequeno número de alunos por sala de aula[67]. Para isso, a atitude crítica de Edith Stein dirigida às "concepções coletivistas atuais em matéria de educação"[68] é, sem dúvida, pelo menos em parte, o legado de Hugo Hermsen[69], em torno de quem gravitava o grupo de pedagogia do tempo de Breslau.

Insistir na dimensão relacional da educação é lembrar que cada indivíduo só se desenvolve e se torna verdadeiramente aquilo que deve ser graças às influências formativas recebidas de seu meio, na medida em que que o "ser humano não vem ao mundo 'acabado'. Ao longo de toda a sua vida, ele deve se construir e se renovar incessantemente, num processo permanente de transformação, sem nunca alcançar um estado definitivo. Ele deve igualmente obter a força necessária para agir e extrair das dimensões inferiores de seu ser a força de que precisa para seu modo superior de ser"[70].

Essa incompletude, constituindo o ser humano como sociável e educável, implica uma responsabilidade da comunidade quanto à formação de seus membros.

3. A família, o Estado, a Igreja

Edith Stein se debruça principalmente sobre três instâncias formadoras, "a saber, duas sociedades concernentes à

---

[67] *L'art d'éduquer – Regard sur Thérèse d'Avila*, p. 74.
[68] Carta a Emmy Lüke, 6 de fevereiro de 1933, C1, p. 660.
[69] "O fundador e a alma de nosso grupo pedagógico era Hugo Hermsen. [...] Ele abominava os métodos modernos de massa. Seu ideal era a educação com um preceptor, tal como existia para a nobreza no século XVIII. Ele buscava também realizá-la na prática. [...] Eu acredito que, da minha infância até hoje, ninguém exerceu uma influência tão forte sobre mim como ele" – *Vie d'une famille juive*, pp. 249, 250, 251.
[70] *De la personne humaine* I, pp. 193-194.

ordem natural, a família e o Estado, e a Igreja na qualidade de sociedade concernente à ordem sobrenatural"[71].

Ainda que seja a primeira comunidade formadora na qual nasce a criança, a família não deve, no entanto, ser investida da totalidade da missão educativa, porque não dispõe de todos os meios naturais para cultivar os talentos das crianças nem, *a fortiori*, de meios sobrenaturais para alcançar o propósito eterno. É justamente essa dupla limitação que conduz nossa autora a situar a família em sua dependência com relação ao Estado ao qual ela se encontra ligada e com relação à Igreja.

Segundo Edith Stein, cabe ao Estado exercer seu poder em favor do bem-estar de seus membros, criando instituições que a força do indivíduo sozinha não pode realizar. Daí a responsabilidade estatal de garantir a existência de estruturas educativas que assegurem a formação cívica dos jovens, despertando o sentido do dever e encorajando a melhor formação possível do corpo e do espírito.

Além disso, levando-se em conta certas necessidades dos cidadãos, sobretudo as mais elevadas e espirituais, justifica-se a existência de centros privados de formação de qualidade, conscientes da finalidade educativa última do ser humano, o que constitui um direito fundamental da pessoa humana.

É esse último aspecto que legitima, aos olhos de Edith Stein, a missão da educação da Igreja, na medida em que ela comunica aos homens, pelos sacramentos e pela liturgia, a

---

[71] *Les problèmes posés par l'éducation moderne des jeunes filles*, F, p. 348 (cf. pp. 347-354). Edith Stein sublinha a complementaridade desses domínios: "No que concerne à relação existente entre essas três comunidades educativas iniciais, é permitido dizer que elas não entrarão mutuamente em conflito quando efetuarem o que corresponde ao sentido e ao fim próprio de cada uma e se limitarem a eles" – *Ibidem*, p. 355.

força formadora da graça. "Sua missão imediata é iniciar na fé e educar em vista de uma vida enraizada na fé"[72]. Nesse ponto, nossa autora não hesita em se referir ao trabalho educativo realizado por famílias religiosas[73], qualificando em particular a regra de São Bento de obra prima da arte cristã da educação[74].

Admitir que o desenvolvimento do ser humano é tributário dessas diferentes instâncias formadoras não significa, de forma alguma, que ele seria simplesmente entregue às influências delas. Com efeito, "em virtude de sua cognição e de seu querer pessoais"[75], cada indivíduo é chamado a cooperar livre e conscientemente em seu próprio desenvolvimento. A liberdade da pessoa e as influências do meio no qual ela está inserida estão em constante interação. É por isso que a educação é sempre uma responsabilidade partilhada.

---

[72] *Ibidem*, p. 353.

[73] Na época de seus estudos em Breslau, Edith Stein foi profundamente marcada pela visita a um lar para crianças mantido por diaconisas (cf. *Vie d'une famille juive*, pp. 248-249). "Ser-lhes-á, talvez, proveitoso poder ver como isso se passa numa escola de ursulinas com métodos de trabalho modernos, como os que há na Renânia e na Vestfália. As casas religiosas são, nesses lugares, melhor adaptadas do que na Baviera, devido ao fato de que há décadas lá existem religiosas com formação universitária completa" – Carta a Callista Kopf, 11 de junho de 1933, C1, p. 696.

[74] Sobre esse ponto, remetemos o leitor aos trabalhos de Esther de Wall. A autora indica que a Regra Beneditina possui uma virtude formadora eminente na medida em que repousa sobre "a aceitação da totalidade de cada homem e de cada mulher como uma pessoa inteira, compreendendo corpo, espírito e alma, cada um desses componentes merecendo o respeito e reclamando a atenção que lhe são devidos. [...] A unidade da pessoa e o equilíbrio da vida cotidiana que jorra dessa unidade é uma dimensão crucial da visão beneditina" (DE WAAL, E. *La voie du chrétien dans le monde*: le chemin de Saint Benoît. Paris: Cerf, 2010, pp. 79, 86-87).

[75] *La destination de la femme*, F, p. 117.

O ser humano é capaz de se autoeducar em vista daquilo que deve ser segundo seu destino? Sim e não. Na qualidade de ser dotado de razão, livre e responsável, ele tem a capacidade e, assim, igualmente a obrigação de trabalhar para a formação de sua pessoa. Mas, ele não tem o uso de sua razão e de sua liberdade desde o início de sua existência; até que ele as adquira, outra pessoa deverá trabalhar para sua educação, de forma que, mais tarde, a autoeducação e o trabalho educativo do outro deverão se engrenar entre si. Que outro seja igualmente responsável pelo ser humano despertado para a razão e para a liberdade, assim como pela sua educação, isso se explica pela responsabilidade solidária que é inerente à humanidade, bem como pelo caráter de membro que reveste o indivíduo no seio dessa unidade tão vasta e das comunidades concretas nas quais tal unidade se articula.[76]

4. Interioridade e educação

Tornar-se autenticamente humano e se tornar autenticamente si mesmo: essa é a questão da educação.

Nós devemos [...] ter presente ao espírito a vasta ideia da educação, [...] a saber, a educação (*Bildung*) como a formação (*Formung*) do ser humano na sua completude para que ele se torne o que deve ser.[77]

Isso conduz Edith Stein a não separar várias dimensões constitutivas da pessoa. Em primeiro lugar, vem a "destinação geral"[78] de cada indivíduo, que ele "tem em comum com todos os seres humanos": o desenvolvimento de sua natureza

---

[76] *Les problèmes posés par l'éducation moderne des jeunes filles*, F, p. 347.
[77] *Ibidem*, p. 349.
[78] *La destination de la femme*, F, p. 120.

humana geral de ser racional e livre. Em seguida, vem sua "destinação específica", como *homem* ou como *mulher*, sobre a qual se inscreve finalmente a "destinação individual que é própria de cada pessoa individual"[79]: a saber, sua nota absolutamente única.

Desde o início, Edith Stein visa a formação integral do ser humano, a educação como um processo criativo que se enraíza na interioridade. Daí parte sua definição de educação como uma "arte suprema cujo material não é nem a madeira nem a pedra, mas a alma humana"[80]. Donde também a necessidade de precisar que essa arte "equivale a uma criação: enquanto as outras atividades param nas faculdades humanas, a educação penetra até a alma mesma, até a sua substância, para lhe dar uma forma nova e, dessa forma, recriar o ser humano na sua totalidade"[81]. Dito de outra maneira, é "a partir do mais íntimo da alma [que] o ser humano inteiro é formado parte por parte"[82]. Tudo isso, nossa autora o recupera numa fórmula que pode ser considerada o axioma fundamental de sua visão educativa: "é a vida interior que é o fundamento último, a formação se faz do interior para o exterior"[83].

Na medida em que "o processo de desenvolvimento completo e de formação [...] vai de dentro para fora"[84], nós o podemos considerar um *fenômeno extático*. Educar (*e-ducere*) é levar para fora de, fazer sair de; e é por isso que se trata

---

[79] "A destinação individual, que é própria a cada pessoa individual, se inscreve na destinação específica [da mulher como tal]" – *Ibidem*, p. 120.

[80] *L'art d'éduquer – Regard sur Thérèse d'Avila*, p. 47.

[81] *Ibidem*, p. 48.

[82] *Le secret de la Croix*. Paris: Parole et Silence, 1998, p. 40.

[83] *Vie cachée et épiphanie*, SC, p. 244.

[84] *De la personne humaine* I, p. 41.

de falar exatamente de um *gesto*. Afinal, o que é um gesto senão um "movimento irradiante"[85] a partir de um cerne interior? A educação constitui um *gesto epifânico*[86] pelo qual uma existência toma corpo na sua unicidade manifesta.

5. O paradigma artístico

Para melhor abordar o sentido da educação como *gesto de criação* é valioso recorrer ao paradigma artístico. Com efeito, o que Edith Stein descreve acerca da realização de uma obra é transponível para o plano da formação da pessoa.

Pelo exemplo da melodia ou do poema[87], nossa filósofa indica que os meios empíricos de uma obra (para a peça musical, "o órgão vocal humano ou instrumentos musicais"[88])

---

[85] "O gesto é inteiro movimento, seja pequeno, seja grande, é inteiro movimento irradiante" – JOUSSE, M. "Les phases du geste propositionnel", in LANGLOIS, Y. *Marcel Jousse: De l'anthropologie du geste à l'éducation générale et religieuse.* Paris: Éditions Don Bosco, 2004, p. 50.

[86] Termo para o qual Edith Stein confere o sentido de um desdobramento a partir de uma "vida escondida", de uma ação que se enraíza no "mais íntimo da alma" (cf. *Vie cachée et épiphanie*, SC, p. 243).

[87] "Uma melodia não é, para nós, a simples sequência de sons que nós percebemos por meio de nossos sentidos. Uma alma humana canta nessa melodia, ela exulta ou chora, ela é doce ou áspera. Nós compreendemos sua *linguagem*, que toca a nossa alma e que a comove. É um encontro com uma vida semelhante à nossa. [...] O que a sequência de palavras do poema e a sequência de sons da melodia expressam é um produto sensível de um gênero particular: ele pede para ganhar vida numa alma; e a alma do artista assim como a do ouvinte contribuem para essa *realização*. [...] Contudo, a realização mais verdadeira é a entrada como *conteúdo* (*Gehalt*) numa *realidade de experiência vivida*. E a *matéria* que se oferece para esse fim é a *vida* da alma: sua vida *espiritual*" – *L'être fini et l'Être éternel*, pp. 377-378.

[88] *Ibidem*, p. 377. Sobre essa questão, cf. SOMBART, É. *Introduzione alla Pedagogia Résonnnace: Fenomenologia del suono e del gesto. Un percorso di vita.* Rapallo: Il Ramo, 2013.

e sua realização material (a resolução da *multiplicidade* sonora numa frase melódica *unificada*[89]) estão a serviço de uma realização espiritual que consiste em uma *manifestação da vida*. Isso acontece ainda melhor se os elementos múltiplos, que são os meios materiais da realização da obra, fundam-se de maneira unificada num gesto epifânico que desvela a pulsação íntima da obra e cuja fluidez supõe a perfeita interiorização de um domínio técnico que não se deixa mais ver[90].

Em virtude dessa analogia entre a realização de uma obra musical e a realização da pessoa, nós podemos considerar que, da mesma maneira que a multiplicidade dos elementos sonoros é integrada na unidade de uma linha melódica, assim também o gesto educativo assume as múltiplas dimensões do ser humano, contribuindo, segundo uma *unificação crescente*, com a manifestação de sua nota pessoal, única.

---

[89] "Isso faz com que uma série de sons seja uma estrutura sonora (*Tongestalt*) dotada de unidade. Os sons exigidos constituem uma primeira matéria que lhes corresponde sem ser espacial: cada som é um produto material que tem a possibilidade de entrar numa unidade de sentido (*Sinneinheit*) mais elevada" – *L'être fini et l'Être éternel*, p. 377.

[90] Essa foi a impressão que o curso de introdução à filosofia dado por Adolf Reinach em Gotinga causou em Edith Stein. Cf. *Vie d'une famille juive*, pp. 357-358.

CAPÍTULO 3

EDUCAÇÃO E DESTINAÇÃO NATURAL DA PESSOA

1. O fundamento natural do trabalho educativo

A educação representa um gesto de criação resultante da interação dinâmica entre um conjunto de dados ao mesmo tempo externos e internos ao indivíduo. Por causa dessa dimensão criativa, a "*formação* (*Bildung*) não é a posse exterior de um saber, mas a *forma* (*Gestalt*) que reveste a personalidade humana sob a influência de múltiplas forças formadoras, ou ainda, o processo dessa formação"[91].

A esse respeito Edith Stein considera que "o trabalho educativo deve [...] ocorrer a partir do fundamento natural"[92]. Esse fundamento se refere à "forma interior"[93], também denominada "primeira força formadora", sobre a qual o gesto educativo se apoia. De fato, todo ser vivo possui uma "raiz formadora viva que possui em si a força motriz ('a forma interna') necessária para se desenvolver em uma determinada direção; mais precisamente, na direção da forma consumada do organismo perfeito que esse germe deve atingir por meio de seu crescimento e por sua maturação"[94]. Em outras palavras, cada ser vivo, em virtude de sua forma própria, está envolvido no processo de atualização das

---

[91] *Les fondements de l'éducation féminine,* F, p. 91.
[92] *Ibidem*, p. 109.
[93] *Ibidem*, p. 91.
[94] *Vie chrétienne de la femme,* F, p. 184.

características constitutivas de sua espécie, realizando assim a sua finalidade natural.

No tocante ao ser humano, essa forma possui características distintivas (racionalidade, liberdade etc.) que devem ser atualizadas. Em outras palavras, *"a destinação natural do ser humano* consiste em desenvolver, em sua pureza,"[95] as características próprias de sua humanidade, que ele possui "em germe", sabendo que "os seres humanos são chamados a realizar a natureza humana em sua completude e [...] todos assim desejam profundamente"[96]. Uma educação que respeite a destinação natural visa, pois, formar o *"ser humano em sua plenitude"* como ser racional e livre.

Lembremos que a forma interior inerente a cada pessoa comporta, além das características gerais da natureza humana, uma marca específica, masculina ou feminina, e que ela está marcada com o selo da uma unicidade pessoal, essa famosa "nota própria" que a educação deve levar em consideração de modo a favorecer o desenvolvimento de "uma personalidade que possui sua especificidade totalmente individual e determinada"[97].

2. A pessoa como unidade tripartite

A visão educativa de Edith Stein fundamenta-se sobre "uma ontologia da pessoa"[98] que concebe o ser humano como unidade tripartite de corpo, alma e espírito:

---

[95] *Ibidem*, p. 117.
[96] *La valeur spécifique de la femme et son importance pour la vie du peuple*, F, p. 45.
[97] *Les fondements de l'éducation féminine,* F, p. 91.
[98] Expressão de Philibert Secretan, em STEIN, E. *De la personne. La structure ontique de la personne et sa problématique épistémologique.* Trad. Philibert Secretan. Paris: Cerf, 1992, p. 6 (doravante *De la personne*).

A divisão tradicional tripartite corpo–alma–espírito não deve ser compreendida como se a alma do ser humano fosse um terceiro domínio entre os dois outros, existindo de modo independente. Nela [na alma], a espiritualidade e a vida sensível convergem e se encontram entrelaçadas. [...] A partir de agora nós compreendemos melhor a trilogia de que já falamos: corpo–alma–espírito. Como forma do corpo, a alma ocupa o lugar intermediário entre o espírito e a matéria, que pertence às formas das coisas corpóreas. Como espírito, ela possui o seu ser *em si mesma* e pode, com toda a liberdade pessoal, se elevar acima de si e receber em si uma vida mais elevada.[99]

Para sublinhar a relação essencial entre essas dimensões da pessoa, Edith Stein descreve a *alma* como um "espaço – e mesmo um castelo com muitos cômodos – onde o eu é capaz de se mover livremente, ora saindo, ora penetrando mais profundamente no seu interior"[100]. Ela define a alma como uma "fonte escondida"[101] a partir da qual o ser vivo é configurado e "extrai o seu ser para aparecer como uma forma visível[102]" em um *corpo*. É dessa fonte escondida que

---

O título da tradução francesa não corresponde ao título original: *Natur, Freiheit, Gnade* [Natureza, liberdade e graça], que Edith Stein qualifica como um "ensaio de filosofia religiosa" (cf. Carta a Roman Ingarden, de 30 de agosto de 1921, C1, p. 261).

[99] *L'être fini et l'Être éternel*, p. 370; p. 456.

[100] *Ibidem*, p. 372 (ver também p. 429). A imagem do castelo interior foi tomada do livro *Das Moradas* (ou *Castelo interior*) de Santa Teresa d'Ávila. Entende-se, é claro, que tais imagens espaciais "buscam significar algo que está totalmente fora do espaço e como tal não pode ser representado por nada que pertença ao campo da experiência natural" – *La science de la Croix. Passion d'amour de Saint Jean de la Croix*. Paris: Béatrice-Nauwelaerts, 1975, p. 172 (doravante *La science de la Croix*).

[101] *L'être fini et l'Être éternel*, p. 368.

[102] *Ibidem*.

se eleva a vida espiritual da pessoa humana[103]; a característica do *espírito*, no sentido do que é espiritual, é precisamente esse sair de si a partir da interioridade[104]. A espiritualidade da pessoa humana se expressa como "abertura/receptividade em direção ao interior"[105] (o retornar para si, em direção ao mais profundo de seu ser, para apreender-se a si mesmo), como "abertura/receptividade em direção ao exterior" (saber algo diferente de si mesmo: o mundo, os outros) e, ainda mais radicalmente, como dom total de si, tal como exploraremos adiante.

Dado que "o ser humano é um ser que possui um corpo, uma alma e um espírito"[106], o gesto educativo deverá exercer-se inseparavelmente sobre o *corpo*, as *faculdades espirituais da alma* (designadas pelo termo geral de *espírito*) e o *sentido afetivo* que corresponde à capacidade de se abrir ao mundo dos valores para ingressar no cerne mais íntimo da pessoa, de onde procede a sua completa recriação.

Ao visar "um máximo de eficácia com um mínimo de meios"[107], a ascese educativa se aplica a oferecer à pessoa um alimento formador adequado, ou seja, oferecer as energias corporais, intelectuais e espirituais que propiciem o desenvolvimento de uma "personalidade madura, plenamente realizada"[108].

---

[103] "Sua vida espiritual se eleva de um fundo escuro, ela sobe como uma chama de vela brilhante" – *Ibidem*, p. 364.

[104] "Visto que a vida pessoal é um sair de si e, ao mesmo tempo, um ser, mas um ser que permanece em si mesmo – essas duas propriedades caracterizam a essência do espírito –, o ser pessoal é igualmente um ser espiritual" – *Ibidem*, p. 362.

[105] *De la personne humaine* I, p. 141.

[106] *L'être fini et l'Être éternel,* p. 363.

[107] *Les fondements de l'éducation féminine*, F, p. 101.

[108] *Ibidem*, p. 91.

3. Recomeçar pelo corpo

> Uma parte essencial do processo de desenvolvimento e de formação em sua totalidade é a formação dos órgãos que corpo e alma necessitam para absorver e assimilar seus alimentos. A particularidade dos órgãos psíquicos (se aqui nos limitamos a eles) é conseguir se formar pondo-se em ação, quer dizer, pondo-se em ação sobre a matéria que lhes é adaptada[109].

Começar pelo corpo para seguir passo a passo a ativação do gesto educativo é, acima de tudo, não esquecer que esse gesto procede da *interioridade* mais profunda da pessoa. Mas essa interioridade deve, precisamente, unir-se de maneira progressiva à exterioridade do mundo no qual cada ser humano se descobre *inicialmente* mergulhado e onde a sua corporeidade o insere. Isso é tão incontornável, que "bem poucos seres humanos vivem [...] *centrados* em si mesmos; na maioria deles, o eu se situa mais na superfície"[110], quando seria melhor "considerar a vida do ponto de vista de sua interioridade mais profunda"[111].

Essa situação inicial requer uma disciplina que vise desobstruir o espaço interior, não apenas tomando distância das solicitações externas que não cessam de nos assaltar, mas igualmente se afastando de uma efervescência interior excessiva[112], a fim de melhor se concentrar nesse ponto interior onde o eu possui a sua morada, esse "cerne imóvel da alma

---

[109] *Ibidem*, p. 92.
[110] *L'être fini e l'Être éternel,* pp. 435-436. Cf. *La science de la Croix*, p. 177.
[111] *L'être fini e l'Être éternel,* p. 436.
[112] "A alma é, por sua natureza, preenchida por diversas coisas, a ponto de uma coisa sempre atrair outra; ela está em constante movimento,

no qual ela está, falando propriamente, em sua casa. É onde ela é sempre chamada [...] a tomar as decisões derradeiras que um ser humano é convocado a tomar como pessoa livre"[113].

O corpo, com suas energias físicas, constitui uma base cujo cuidado é a responsabilidade do ser humano [114]. A energia vital de que se nutre o indivíduo lhe vem em primeiro lugar de sua própria constituição natural. Isso atesta claramente o seu enraizamento em sua natureza física e lembra que "o corpo, em sua constituição originária, é o fundamento material que alicerça a vida psíquica[115]".

Tal energia não deve ser consumida abusivamente, mas submetida e uma regulação racional que favoreça a saúde. Nesse sentido, Edith Stein insiste particularmente em uma higiene de vida equilibrada que inclua uma alimentação saudável e o exercício físico[116].

Sobre essa base, o indivíduo pode empenhar-se no caminho do domínio de si mesmo, graças ao qual ele deixa de ser um joguete passivo sob os impulsos do corpo[117]. De fato, quanto mais um sujeito se submete aos seus estados

---

frequentemente em um tumulto e efervescência" – *Les fondements de l'éducation féminine*, F, p. 110.

[113] *Le château de l'âme,* p. 294.

[114] "O ser humano, a quem seu corpo é confiado, é responsável por ele. Se o corpo é negligenciado ou maltratado, isso produz alterações das funções corporais e existe o risco de que, em consequência, a vida interna fique igualmente alterada" – *De la personne,* p. 60.

[115] *De la personne,* p. 64.

[116] "Uma boa alimentação, ou seja, o aporte dos materiais de que o corpo necessita para se construir, nas proporções e formas precisas que ele é capaz de assimilar, serve para aumentar a força" – *De la personne humaine* I, p. 193.

[117] "[Procurem] oferecer ao corpo um alimento e uma higiene apropriados [...], a luz, o ar puro e o Sol, assim como a possibilidade de se exercitar livremente; nisso consiste também o autodomínio [...]. Tudo isso

corporais, "tanto mais o corpo se utiliza das forças para si próprio [...]. Mas o corpo não se torna mais *ele mesmo* quando lhe é permitido liberar-se desse modo; de certa maneira, o corpo se priva de si mesmo e se torna cada vez mais uma *massa amorfa*. (Pois) ele só se configura quando se forma e se mantém a partir do interior"[118].

Edith Stein indica, assim, que o sentido da corporeidade humana só pode ser apreendido em referência à interioridade, pois o corpo só é um corpo ao ser estruturado e moldado a partir de dentro por um princípio de organização e de vida que não é outra coisa senão a alma compreendida como forma do corpo[119].

> O que é corpóreo nunca é *apenas* corpóreo. O que diferencia o corpo animado (*Leib*) de uma simples massa corpórea (*Körper*) é a existência de uma alma. Onde existe um corpo animado, existe também uma alma. Reciprocamente, onde existe uma alma, existe também um corpo animado. Um objeto físico sem alma é apenas uma massa corpórea e não um corpo animado vivo. Um ser espiritual sem corpo físico é um espírito puro e não uma alma[120].

Apesar de o corpo humano poder ser considerado um objeto inserido no mundo, analisável como tal, ele se distingue, contudo, de uma simples massa corpórea. Ele é

---

prepara o caminho à formação da vontade" – *Les problèmes posés par l'éducation moderne des jeunes filles*, F, pp. 349-350.

[118] *De la personne,* p. 60.

[119] "Aquilo que, partindo do interior, estrutura e molda, Tomás de Aquino chama de *forma interior*. Seguindo Aristóteles, ele também chama de *alma* [...]. Nós compreendemos o uso desse termo pelo fato de o processo de estruturação perseguir um *télos*, uma finalidade; esse processo visa uma forma determinada. A finalidade é a de ser inteiramente formado e ordenado" – *De la personne humaine* I, p. 101.

[120] *L'être fini et l'Être éternel*, p. 367.

antes de tudo um "corpo próprio"[121] que possui uma vida interior e se apresenta, "até em suas profundezas, como a face externa dessa interioridade"[122].

Consequentemente, honrar o copo humano como corpo vivo formado a partir de dentro e trabalhado pelo espírito é reconhecer que toda presença humana, na fibra de sua encarnação, está dotada de uma riqueza inesgotável de expressões significativas como manifestação carnal do eu pessoal[123]. Nessas condições e em oposição a todo e qualquer dualismo, a sexuação[124] e a sexualidade jamais estão desconectadas quando se leva em conta a alma[125].

Edith Stein considera, além disso, que o desenvolvimento total do corpo e de seus órgãos parece ter sido

---

[121] "O que nós chamamos de 'corpo próprio' [*Leib*] não é um simples corpo material, mas um corpo animado por uma alma" – *De la personne humaine* I, p. 101.

[122] *De la personne,* p. 57.

[123] "Imaginar o meu corpo vivo abandonado pelo eu não é mais imaginar meu corpo e, sim, imaginar um corpo-objeto [*Körper*] físico que se assemelha a este [corpo vivo – *Leib*] em todos seus aspectos exteriores, o que significa imaginar um cadáver" – *Le problème de l'empathie*, p. 88.

[124] "Estou convencida de que a espécie humana se desenvolve como espécie binária, o 'homem' e a 'mulher'; que a natureza do ser humano, à qual não falta nenhum traço característico humano, tanto em um quanto em outro, se manifesta sob uma forma binária; e que toda a sua constituição essencial revela a sua marca específica" – *Les problèmes posés par l'éducation moderne des jeunes filles*, F, p. 317. Para Edith Stein, masculinidade e feminilidade são consideradas em uma estreita complementaridade (cf. *L'ethos des professions féminines*, F, p. 86).

[125] "Que a diferenciação sexual seja 'vinculada apenas ao corpo' é uma afirmação que pode ser questionada de diversos pontos de vista: 1) se a alma é o que informa o corpo (*anima = forma corporis*), a diferença corporal é o indício de uma diferença na alma; 2) a matéria está aí para a forma e não o contrário. Isso equivale praticamente a dizer que a diferença na alma é original" – *Carta a Callista Kopf*, 8 de agosto de 1931, C1, p. 543.

concebido para servir a alma; e que, em última instância, a vocação do corpo é a de ser iluminado pela vida da alma e revelá-la[126]. Evidentemente, tal transparência supõe uma ascese visando restabelecer "a relação originária entre a alma e o corpo, devendo este ser reconduzido à função que lhe é própria"[127].

A educação dos sentidos favorece uma abertura consciente, uma *escuta* verdadeiramente receptiva das coisas e dos seres[128]. Desenvolve-se assim uma qualidade de *concentração* interior que, liberando o ser humano de uma vida puramente instintiva, o dispõe à vida do espírito.

A concentração de que se trata aqui não tem nada que ver com uma atitude estática que reprimiria a riqueza dos estados interiores da pessoa. Ela consiste, pelo contrário, em uma *unificação* de todas as forças vivas, sem as quais o indivíduo, privado de um eixo interior, se abandona passivamente à sua vida psíquica. Nesse aspecto, Edith Stein insiste particularmente na virtude do estudo como algo capaz de estruturar a interioridade, fornecendo ao espírito um "alimento sólido"[129] que lhe permite escapar da ociosidade e da dispersão[130].

---

[126] O corpo, segundo o seu "sentido originário" é, pois, "o espelho da alma onde se reflete toda sua vida interior, o meio pelo qual ela entra no campo da visibilidade. Ele pode até ser transfigurado por ela; a luz que preenche a alma pode igualmente penetrar o corpo e brilhar através dele" – *De la personne*, p. 63 (cf. *De la personne humaine* I, pp. 158-159).

[127] *De la personne*, p. 65.

[128] "[...] os sentidos [obtidos] pela preensão, pela distinção, pela comparação das cores e das formas, das tonalidades e dos barulhos etc." – *Les fondements de l'éducation féminine*, F, p. 92.

[129] *Vie d'une famille juive*, p. 102.

[130] "Procuro cada dia resguardar algumas horas para o trabalho filosófico, pois, com o passar do tempo, eu simplesmente não suportaria uma vida sem algum tipo de concentração intelectual" – Carta a Roman Ingarden, de 30 de novembro de 1918, C1, p. 194.

4. A formação do intelecto

Atenta à polissemia do termo *espírito* (*Geist*)[131], Edith Stein, sempre que necessário, efetua algumas distinções[132].

O espírito como "parte" superior da alma, distinta da sensibilidade, será chamado de *mens* (mente). Ele engloba as faculdades superiores da pessoa humana, graças às quais é possível um agir livre e regrado pelas leis da razão, sem esquecer que a atividade dessas faculdades é também parcialmente tributária dos sentidos[133]. Quanto ao termo *intellectus* (intelecto ou entendimento), ele designa mais precisamente o espírito em sua atividade cognitiva. Por fim, *spiritus* (espírito) qualifica a natureza da alma como não material, como alguma coisa espiritual[134].

A formação do espírito é particularmente incumbência do ensino. Sob a denominação de ensino Edith Stein inclui duas coisas: de um lado, a formação do espírito em sua atividade cognitiva (*intellectus*) e em sua capacidade de atingir *percepções claras*, *conceitos corretos* e *julgamentos* verdadeiros; de outro lado, a transmissão e assimilação viva de um patrimônio cultural.

---

[131] "*Espírito* é um termo ambivalente e deve ser compreendido em seu duplo sentido. Por um lado ele significa uma *pessoa* espiritual e, por outro, uma dimensão" – *De la personne*, p. 28.

[132] Cf. *De la personne humaine* I, pp. 174-176.

[133] Assim ocorre com "a memória, a inteligência e a vontade", que podem ser ditas "potências espirituais [...] apesar de sua atividade natural ainda estar condicionada pelos sentidos" – *La science de la Croix*, pp. 126 e 175.

[134] A "alma é, segundo a sua substância, espírito" (*Ibidem*, p. 131). Edith Stein também se debruçou sobre o delicado problema da "relação espírito-alma" – cf. Carta a Elly Dursy, 14 de junho de 1935, C2, p. 183); ver especialmente *Le château de l'âme*, pp. 295-296; *L'être fini et l'Être éternel*, pp. 360-361 e pp. 455-458.

Detenhamo-nos um pouco mais no primeiro aspecto. Com relação à formação do entendimento teórico que é "a chave do reino do espírito, [...] o olho do espírito por meio do qual a luz penetra nas trevas"[135], duas atividades são reconhecidamente determinantes. Em primeiro lugar, o ato do *questionamento* que libera um espaço interior de escuta, desperta a consciência para a busca do sentido e afina a sua percepção dos problemas fundamentais da existência. Em seguida, o colocar em prática as "operações intelectuais e cognitivas"[136] próprias a cada disciplina e que favorecem a estruturação da interioridade, o ordenamento do mundo interior. É aqui que o domínio da linguagem e da ferramenta conceitual desempenha um papel de extrema importância, ajudando o pensamento discursivo a se organizar e o conteúdo da vida interior a se manifestar e a comunicar, visto que a palavra é uma encarnação privilegiada do espírito. De fato, falar "deve ter por finalidade que aquilo que se quer dizer encontre uma *expressão adequada* [...] (pois) todo aquele que não consegue traduzir o seu pensamento é como um prisioneiro em sua própria alma: não consegue se mover livremente e não consegue tampouco ter acesso ao outro. [...] Ser capaz de se exprimir de modo adequado é, pois, algo que resulta essencialmente da natureza humana na sua forma mais acabada"[137].

Por meio dessas duas atividades que acabamos de indicar, o espírito se exercita a pensar e, no limite, a "tomar posição de maneira autônoma sobre os problemas levantados [...] ao partir-se de princípios últimos claramente trazidos

---

[135] *Les fondements de l'éducation féminine,* F, p. 100.
[136] *Ibidem*, p. 92.
[137] *Les problèmes posés par l'éducation moderne des jeunes filles,* F, pp. 379-381.

à luz"[138]. Pensar é realizar esse movimento de abertura interior a uma questão, a fim de perseguir o seu núcleo problemático, aquele centro de gravidade que suscita e provoca o pensamento, engajando-o no caminho da compreensão, ou seja, de uma manifestação do sentido apreendido[139].

5. O papel formador da cultura

O segundo aspecto do ensino diz respeito à transmissão e à assimilação de um patrimônio cultural. Esse aspecto está, na realidade, intimamente ligado à formação das faculdades à medida que elas "só podem se colocar em ação sobre uma matéria, e sobre uma matéria que lhes seja conforme"[140]. Ora, esse é precisamente o papel da cultura: fornecer ao espírito um alimento formador adequado.

O "espírito humano é feito para criar a cultura, compreendê-la e usufruir dela. Ele só pode desabrochar totalmente se entrar em contato com a diversidade dos domínios culturais"[141]. Ora, a "missão específica da escola" é justamente a de "introduzir aos domínios culturais e tornar operante o seu poder de formar os seres humanos", favorecendo o

---

[138] Carta a Maria Brück, 31 de julho de 1933, C1, p. 708.

[139] *"Sentido e compreender caminham juntos.* Sentido significa aquilo que poder ser compreendido; e *compreender* significa apreender o sentido. *Compreender (intelligere)* o inteligível (*intelligibile*) é a função própria do espírito, que também recebe o nome de *intelecto* (*intellectus*) – *L'être fini et l'Être éternel,* p. 71.

[140] "Assim, como nós constatamos, a alma só pode desabrochar ao colocar em ação as suas faculdades; e essas faculdades só podem ser colocadas em ação sobre uma matéria, uma matéria que lhes seja conforme" – *Vie chrétienne de la femme,* F, p. 185.

[141] *Les problèmes posés par l'éducation moderne des jeunes filles,* F, p. 360.

diálogo com as outras culturas[142]. É desse modo que se edifica uma memória partilhada, sem a qual não seria possível existir uma cidadania ativa e responsável.

Toda a narrativa da *Vida de uma família judia* é permeada de referências culturais que contribuíram para o desenvolvimento da personalidade de Edith Stein. Desse modo se descobre que desde a idade de cinco anos ela memorizava as poesias que sua irmã Frieda repetia em voz alta para estudá-las[143], ou ainda que, durante o tempo em que Edith Stein dormia com sua mãe (até a idade de seis anos), ela ouvia a leitura que seu irmão mais velho, Paul, fazia à noite na cabeceira da cama da senhora Augusta Stein[144]. Edith Stein confidencia: "a leitura desempenhava um importante papel na nossa família"[145], assim como o teatro[146], a música[147], todos eles em relação com a escola[148].

Em sentido geral, o termo *cultura* designa um processo de humanização em que os seres humanos inventam as matrizes (linguagem, técnica, arte, ciências etc.) graças às

---

[142] "Nós deveríamos ter, nos diversos países, 'intercâmbios culturais' para abrir o caminho para uma compreensão mútua. Parece, no entanto, que as pessoas só se interessam pelo aspecto econômico. Mas o modo como tal aspecto toma forma depende das pessoas que dele participarão" – Carta a Roman Ingarden, 2 de junho de 1918, C1, p. 142.

[143] *Vie d'une famille juive*, p. 64.

[144] *Ibidem*, p. 80.

[145] *Ibidem*, p. 84.

[146] *Ibidem*, pp. 220-221.

[147] Particularmente a música de Johann Sebastian Bach e o canto gregoriano exerceram uma profunda influência sobre ela. Cf. *Ibidem*, p. 221; pp. 279-280.

[148] "A escola desempenhou um grande papel em nossa infância. Eu creio que quase me sentia mais à vontade na escola do que em casa" – *Ibidem*, pp. 86-87.

quais eles desenvolvem suas características próprias. Mais especificamente, a cultura se refere ao patrimônio espiritual, à totalidade das manifestações do espírito. "Todo o nosso 'mundo cultural', tudo o que 'a mão do homem' modelou, todos os utensílios, todas as obras de artesanato, da técnica, da arte, são um correlato do espírito que se tornou realidade"[149].

Na base de um patrimônio cultural está sempre a experiência viva de um povo[150] que se organiza, se estrutura, atinge tal ou qual configuração particular homogênea e se manifesta por meio de tudo o que nós definimos, justamente, como bens culturais. Um patrimônio cultural é de certo modo uma sedimentação de experiências humanas fundadoras que tomam corpo e se objetivam materialmente em obras. Dado que uma obra é um *produto material [...] preenchido de espírito*"[151], ela nos coloca sempre em contato com a *realidade da experiência vivida*, da qual ela é o receptáculo e o testemunho.

Retenhamos que uma cultura se manifesta nas suas obras, isto é, nas "criações objetivas nas quais a vida espiritual se exprime"[152]. A marca de uma grande obra é sua capacidade de elevar aquele que a frequenta à altura das questões fundamentais. Para Edith Stein, as grandes obras, que são reconhecidas como tais em razão de sua durabilidade e significado inesgotável, possuem a capacidade de transformar de modo criativo quem recebe a vida própria delas, de alimentá-lo(a) em profundidade. O contato com elas constitui a prova de um poder transformante, verdadeira forja interior,

---

[149] *Le problème de l'empathie*, p. 153.
[150] Ver *De l'État*. Paris : Cerf, 1989, p. 51 (doravante *De l'État*). Sobre a definição de povo, ver *De la personne humaine* I, pp. 246-247.
[151] *L'être fini et l'Être éternel,* p. 376.
[152] *Les problèmes posés par l'éducation moderne des jeunes filles,* F, p. 282.

morada onde nasce e se desenvolve uma maneira de viver e de sentir: em uma palavra, "um determinado *modo de ver o mundo*"[153] e de habitá-lo. Com tais obras nós não estamos essencialmente na presença "de uma teoria, ou seja, de um simples conjunto de proposições verdadeiras – tanto na realidade quanto em nosso espírito –, nem de uma construção ideológica edificada pouco a pouco pelo trabalho de um pensamento bem ordenado"[154], mas, sobretudo, diante "de uma verdade viva, real e ativa"[155], tanto mais potente quanto mais resulta da unidade entre a vida e a obra[156].

Edith Stein experimentou tudo isso de modo incessante por meio de um "contato vivo com os pensadores do passado"[157], não apenas *via* "as obras de filósofos criadores"[158], mas igualmente por meio dos escritos de autênticos mestres espirituais, entre os quais Santa Teresa d´Ávila, a ponto de se incluir entre "aqueles que lhe devem o fato de ter encontrado o caminho da Luz"[159].

A luz contida nessas grandes obras é sempre atual, pois a vida da qual elas são portadoras transcende o tempo. É por isso que "aquele que conseguiu, ao menos uma vez, beber dessa fonte, não deixará mais de buscar sempre ali coragem

---

[153] "Cada um possui certo modo de ver o mundo [...]. O quê e o como da atividade do ser humano determinam toda a sua concepção de mundo. É por isso que a orientação filosófica escolhida por um indivíduo não é isenta de significação para a sua concepção de mundo" – *La signification de la phéoménologie,* p. 3.

[154] *La science de la Croix,* pp. 3-4.

[155] *Ibidem,* p. 4.

[156] Para Edith Stein, São João da Cruz é exemplo dessa unidade da obra e da vida – *Ibidem,* pp. 6-7.

[157] *Ibidem,* p. 2.

[158] *La signification de la phénoménologie,* p. 4.

[159] *L'art d'éduquer,* p. 99.

e força"[160]. Nesse sentido, Edith Stein declara que uma cultura não morre: antes, são as almas que ressecam por não cultivarem uma relação viva com um patrimônio cultural que, à medida que é redescoberto em toda a sua novidade e realmente acolhido, conserva o poder de renovar as almas infundindo nelas energias formativas.

Dessa perspectiva, nossa autora insiste sobre a interação entre o indivíduo e a comunidade em que ele está inserido. Se o indivíduo se alimenta das energias que lhe chegam de sua comunidade, ele igualmente infunde nessa última suas próprias energias criadoras. Em virtude disso, cada um é convidado a não se fechar sobre si mesmo, mas viver de tal modo que a riqueza de sua vida interior reflua para o exterior, abrindo assim à comunidade o acesso às fontes que podem lhe comunicar energias construtivas.

6. A temática dos valores

Toda cultura é uma encarnação de *valores* em obras. O tema dos valores ocupa um lugar significativo na obra de Edith Stein, que, sobre esse aspecto, se beneficia da contribuição de Max Scheler[161] e se reconhece em profunda afinidade

---

[160] *Amour pour Amour. Vie et Œuvre de Sainte Thérèse de Jésus,* SC, p. 103.
[161] "[Max Scheler] enriqueceu consideravelmente o domínio da ética, da filosofia da religião e da sociologia filosófica com análises fundamentais, feitas em um espírito de pura objetividade" – *La signification de la phénoménologie,* p. 5. Edith Stein reconhece que "os cursos e escritos de Max Scheler […] tiveram uma grande importância (para ela)" – *Vie d'une famille juive,* p. 511. No contexto do círculo filosófico de Gotinga, ao qual Scheler foi convidado, ela estudava *O formalismo na ética e a ética material dos valores* - cf. *Ibidem,* pp. 336-337. "Sempre ficou claro para mim que eu muito lhe devia por suas ideias estimulantes" – Carta a Max Scheler, 4 de abril de 1918, C1, p. 124.

com o pensamento de Dietrich von Hildebrand[162]. Nós só abordaremos aqui os elementos que esclarecem diretamente a sua concepção educativa.

Edith Stein denomina "valor" uma força motivadora, de modo que se decidir é tomar posição com relação aos valores que nos afetam, adotar uma determinada atitude diante deles. Um ato volitivo é sempre motivado[163] no sentido de que a vontade se põe em movimento pela percepção de um valor. Toda ação voluntária supõe a capacidade de sentir os valores. Na mesma medida, o sentimento dos valores não é de modo algum arbitrário. Edith Stein aponta para a existência de uma hierarquia objetiva de valores segundo a qual eles não merecem ser sentidos com a mesma intensidade[164], porque não remetem a um mesmo nível de profundidade da pessoa. Desse modo, à "distinção entre os estratos centrais e periféricos da pessoa"[165] corresponde a diferença entre os

---

[162] Dietrich von Hildebrand passa por Gotinga, em 1909-1911, antes da chegada de Edith Stein, que aí ficou em 1913-1915. Ambos trabalharam sob a direção de Husserl, foram influenciados por Scheler e nutriram uma grande admiração por Adolf Reinach. Hildebrand é citado inúmeras vezes por Edith Stein, tanto na *Vida de uma família judia* quanto em sua correspondência.

[163] "Uma vontade não motivada é, pois, um nada; não se pode pensar nenhum tipo de sujeito que queira algo que não tenha valor a seus olhos" – *Le problème de l'empathie*, p. 159.

[164] "A dor causada pela perda de uma joia afeta menos profundamente ou provém de um nível mais superficial do que o sofrimento causado pela perda do mesmo objeto se ele for a lembrança de uma pessoa amada, ou ainda, do que a dor causada pela perda dessa mesma pessoa. [...] Aquele para quem a perda dos bens é algo "aniquilador" – isto é, atinge o ponto central do seu eu –, sente de modo "não razoável" e inverte a hierarquia dos valores; ou lhe falta completamente a evidência afetiva dos valores superiores, estando privado dos estratos correlativos da personalidade" – *Ibidem*, p. 165.

[165] *Ibidem*, pp. 171-172.

valores que pertencem à pessoa de modo particular e os valores não pessoais. É claro que, na prática, essa diferença pode ser obscurecida. Desse modo, eu poderia "sentir um valor elevado com menos intensidade do que sinto um valor inferior, e consequentemente me enganar a ponto de concretizar o valor inferior em vez do mais elevado. 'Enganar' – isso implica que aqui a legalidade da razão foi ferida"[166].

O que sobressai com força da análise axiológica de Edith Stein é o laço que une a estrutura da pessoa humana e o mundo dos valores. Com efeito, os atos pessoais revelam os valores que motivam um sujeito[167], assim como a profundidade de onde ele os acolhe e com a qual ele responde. Para Edith Stein, quanto mais uma pessoa é capaz de habitar em seu íntimo, tanto mais ela acessa correlativamente o que é axiologicamente mais elevado. Ao "valor mais alto corresponde igualmente o sentimento mais forte, que logo em seguida também move a vontade"[168]. Em última instância, à "totalidade dessa escala de valores corresponderia a pessoa ideal que sentiria todos os valores adequadamente e em conformidade à sua hierarquia"[169].

Além disso, os atos de um indivíduo são tanto mais compreensíveis e penetráveis quanto resultam da livre adesão

---

[166] *Ibidem*, p. 170.

[167] "Como ela se deixa tocar por um valor, qual posição ela adota com relação a ele, quais valores ela prefere a outros, quais opções práticas ela decide tomar" – *De l'État,* p. 153. É por isso que, como indica Edith Stein em *Indivíduo e comunidade*, com o sentimento dos valores nós atingimos uma esfera mais profunda do que a das qualidades apenas intelectuais.

[168] *Le problème de l'empathie*, p. 170.

[169] *Ibidem*, p. 175.

interior aos valores reconhecidos e acolhidos por ele como sendo os melhores, como motivos capazes de guiá-lo[170]. Em tal circunstância, a atividade procede do "cerne da alma [que] é onde a voz da consciência pode ser percebida e lugar da livre decisão pessoal"[171] . Por essa escuta interior da consciência – *leimotiv* do itinerário de Edith Stein[172] –, a riqueza da alma se derrama na vida e ali transparece.

7. Valor e aperfeiçoamento

Edith Stein concebe o valor como uma qualidade inerente ao que ela denomina um bem, uma entidade espiritual de uma espécie particular objetivada em uma obra[173]. Em outras palavras, uma obra é dita um bem tanto mais quanto ela possui em si *alguma coisa* que pode ser acolhida na alma. "Nós chamamos 'bens' os objetos que possuem alguma coisa neles mesmos que os torna aptos a serem acolhidos no íntimo da

---

[170] Edith Stein indica, entretanto, que é possível apreender o valor que motiva um ato sem, contudo, ter acesso ao estrato correlato da pessoa de onde esse ato procede. Desse modo, quem não tem fé religiosa pode apreender a razão pela qual a pessoa religiosa "sacrifica pela sua fé tudo o que possui em bens terrestres". Nesse caso, o que é apreendido é o motivo de uma conduta, ou seja, um valor "cujo correlato não me é acessível" – *Le problème de l'empathie*, p. 185.

[171] *Le château de l'âme*, p. 295.

[172] "Eu não podia agir enquanto uma impulsão interior não se fizesse presente. As decisões surgiam de uma profundeza que nem eu mesma conhecia. A partir do momento em que uma dessas decisões aparecia no clarão da minha consciência e tomava uma forma definida em meu pensamento, eu não me deixava mais parar por nada" – *Vie d'une famille juive*, p. 196.

[173] "Valores tais como o bom, o belo, o sublime, não são pessoas, tampouco são atos que emanam de pessoas; eles são objetos para os sujeitos e não são sujeitos. Se fossem seres espirituais, então equivaleriam a seres espirituais de uma nova espécie, a do 'espírito objetivo'" – *De la personne humaine* I, p. 197.

alma; nós chamamos 'valor' essa coisa em si mesma"[174]. Soma-se a isso que o valor "pertence ao domínio do ser essencial"[175].

O valor próprio de um bem é dito *positivo* quando esse último possui "a respeito de outra realidade o significado de uma possibilidade de perfeição e, consequentemente, constitui um bem para essa realidade"[176]. Dito de outra maneira, um bem é tanto mais eminente quanto ele permite àquele que o acolhe alcançar "a verdade em sua essência"[177], realizar "seu supremo grau existencial".

Isso indica claramente que nem todos os valores se equivalem, devendo o ser humano preferir aqueles que contribuem ativamente para a sua realização, isso é, para o desenvolvimento de sua essência como pessoa no respeito de sua *dignidade inalienável*. A esse respeito, o educador está incumbido de se exercitar em um constante discernimento com relação aos bens culturais a serem transmitidos. Com efeito, ainda que uma obra seja portadora de valores, é todavia conveniente avaliar em que medida os valores em questão estão de acordo ou não com o valor da pessoa mesma, sabendo que "a pessoa tem efetivamente mais importância do que todos os valores objetivos"[178].

---

[174] *Les fondements de l'éducation féminine*, F, p. 99.

[175] "Os bens surgem e desaparecem. Mas o que concede a um ente a significação de um bem e daquilo que chamamos *valor* pertence ao domínio do ser essencial" – *L'être fini et l'Être éternel,* p. 319.

[176] *Ibidem*, p. 320.

[177] "Quando o ente é verdadeiramente aquilo que deve ser (ou seja, quando ele possui a verdade de sua essência), ele também é realmente bom (ele possui o bem em sua essência) e, segundo o domínio ao qual ele pertence, ele é verdadeiramente santo, belo, nobre ou útil" – *Ibidem*, p. 319.

[178] "Nesse sentido, todos os valores objetivos estão aí para as pessoas" – *La valeur spécifique de la femme et son importance pour la vie du peuple*, F, p. 44. Edith Stein tinha plena consciência de que a visão da pessoa humana

O que isso quer dizer senão que os valores mais elevados são aqueles que estão de acordo com o valor da pessoa *reconhecida* como um "ser livre e espiritual"?

8. O sentido afetivo (Gemüt)

Visto que todo ser humano é dotado de uma receptividade aos valores, essa receptividade deve ser educada.

A receptividade aos valores depende do que Edith Stein denomina de *sentido afetivo* (*Gemüt*). O sentido afetivo designa "a interioridade mais profunda da criatura"[179], graças

---

com que ela opera encontrava-se em contradição com a ideologia nazista: "Eu percebi claramente que em matéria de educação aqui se tolerava menos do que em outros lugares influências que fossem opostas à tendência dominante" – *Comment je suis venue au Carmel de Cologne*, em *Vie d'une famille juive*, p. 545.

[179] *Ibidem*, p. 221, nota 42. *Gemüt* provém do vocabulário místico e é empregado para designar a interioridade mais profunda da criatura. Não há equivalente em francês –. [Também não há equivalente para o termo em português. O *sentido afetivo* (*Gemüt*) designa uma dimensão ou capacidade do espírito humano para entrar em contato com o mundo dos valores. Podemos chamá-lo de "dimensão" ou "capacidade" porque nos damos conta de seu efeito específico: não se trata nem de uma operação intelectual de percepção/construção de um sentido nem de um ato da sensibilidade ou percepção por meio dos sentidos físicos, mas da "percepção afetiva" de um sentido, quer dizer, da percepção de um sentido acompanhada imediatamente de um movimento da vontade que inclina a ver esse sentido como um bem. Em outras palavras, trata-se da vivência consciente de um objeto (percepção de uma unidade de sentido ou conteúdo da consciência) e associação imediata do afeto que o faz ver como um bem. Não corresponde, pois, nem a um ato intelectual propriamente dito (raciocínio, pensamento) nem a uma operação sensível (percepção física), mas a uma percepção concomitante de um sentido e seu valor, levando a desejá-lo. No vocabulário de Max Scheler, essa percepção recebe o nome de *sentimento* (que, como tal, distingue-se claramente da emoção). *Sentimento* seria o nome específico do ato do sentido

à qual ela pode entrar em relação com o universo interior de uma cultura. Por meio dessa capacidade inerente à sua estrutura, a pessoa pode acolher a força formadora dos bens culturais. Essa abertura pode até se transformar em uma comunhão com a fonte transcendente que modelou a obra[180]; é nisso que reside para Edith Stein a plena realização de uma

> afetivo, assim como *pensamento* é o nome do ato do intelecto e *sensação* é o nome da percepção por meio dos cinco sentidos. O sentimento seria, assim, o efeito que permite falar do sentido afetivo ou *Gemüt* como dimensão ou capacidade do espírito. O uso do termo *Gemüt* feito por Edith Stein mereceria um estudo específico, pois ela permite justamente sua interpretação como dimensão/capacidade do espírito e não apenas como designativo da unidade primordial (tal como fazia Kant ao falar do si mesmo "interior" que permite as representações). Com efeito, o uso do termo por Edith Stein aproxima-se mais dos autores místicos do que dos filósofos modernos. Johann Tauler (1300-1365), por exemplo, empregava o termo de maneira muito parecida com a simbologia bíblica do *coração*, das *entranhas* e dos *rins* (sede da intimidade e dimensão de onde brota a força que leva à adesão pessoal a algo). Dada a história do termo *Gemüt*, não seria equivocado traduzi-lo por *coração*, desde que não se pense nele segundo as metáforas racionalistas que falam do coração como mero âmbito do "irracional" ou da emoção. *Gemüt* como coração designaria a unidade de cada pessoa como ser que conhece *e* ama, sem pressupor nenhuma oposição entre conhecimento (intelecto) e amor (vontade): a pessoa ama também ao conhecer e conhece também ao amar. A partir do século XIX, o sentido do termo derivou para *Gemütlichkeit*, um modo de se sentir à vontade, ao abrigo dos perigos; é uma reminiscência do sentido de unidade primordial do indivíduo. Edith Stein, porém, parece empregá-lo em consonância com a história anterior ao século XIX. – Nota de Juvenal Savian Filho]

[180] "Como o Espírito é vivo, ele não morre. Lá onde ele esteve um dia em ação, modelando as vidas e as criaturas humanas, ele não deixa apenas memoriais sem vida, mas está presente por um modo de ser misterioso, como um braseiro coberto e bem escondido que se acende vivamente de uma só vez, ilumina e propaga o fogo tão logo venha um sopro, acariciando-o e dando-lhe novamente vida. O olhar penetrante e cheio de amor do pesquisador que descobre nos memoriais do passado essa chama escondida: eis o sopro que dá vida e faz espalhar a chama" – *L'art de donner forme à sa vie*, SC, p. 81.

obra: quando a vida que a habita é recebida tão adequadamente quanto possível por uma alma a ponto de ela tornar-se verdadeiramente operante.

Se o acolhimento dos bens culturais e a abertura aos valores mais altos constituem um aspecto crucial da educação, é porque a alma humana só pode se desenvolver com a condição de "acolher alguma coisa nela. Ora, [...] somente aquilo que ela acolhe em seu íntimo entra no seu ser próprio, de tal modo que podemos falar de desenvolvimento e de formação (*Bildung*); aquilo que é apenas recebido pelos sentidos e tão somente assimilado pelo entendimento permanece uma posse exterior"[181].

Quando essa recepção é apenas parcial, reduzida, por exemplo, a uma apreensão simplesmente intelectual de um objeto cultural, não existe verdadeira *participação interna* do sujeito no mundo dos valores. Nesse caso, o valor não é sentido a ponto de ser acolhido na profundidade da alma. Por isso, "a formação do entendimento não deverá nunca ser feita em detrimento da formação do 'sentido afetivo'"[182].

Ao contrário, o sentido afetivo "não pode cumprir a sua função sem a cooperação do entendimento e da vontade. [...] Lá onde faltarem o treinamento do entendimento e a disciplina da vontade, a vida do 'sentido afetivo' ficará agitada e à deriva"[183].

Quando o sentido afetivo é corretamente formado e a vontade se põe em movimento por meio do discernimento de um motivo justo, torna-se possível "adotar a atitude interior

---

[181] *Les fondements de l'éducation féminine*, F, p. 99.
[182] *Ibidem*, p. 101.
[183] *Vie chrétienne de la femme,* F, p. 183.

correta e adequada frente a valores objetivos, fazendo que essa atitude dê frutos na prática[184].

É preciso, no entanto, dar um passo a mais, acrescentando que o sentido afetivo não é o único a intervir nessa receptividade da pessoa aos valores imanentes aos bens culturais. De fato, Edith Stein considera que nessa matéria o *caráter* também desempenha um papel importante.

9. O caráter

O caráter designa, a princípio, a unidade das propriedades individuais de cada pessoa. Precisemos sobre esse ponto que não se deve confundir as "propriedades individuais"[185] ou "propriedades pessoais"[186] do caráter – como "a bondade, a abnegação"[187] –, com as "propriedades permanentes"[188] da alma. As "propriedades permanentes da alma que se manifestam nas vivências" correspondem às faculdades constitutivas. Por exemplo, "a memória que se manifesta em nossas recordações, [...] a sensibilidade que se manifesta em nossos sentimentos". Não se deve, entretanto, abusar dessa distinção: as propriedades pessoais do caráter e as propriedades da alma estão ligadas porque o entendimento, a vontade e mesmo a sensibilidade intervêm inegavelmente na formação do caráter. Desse modo, um entendimento corretamente

---

[184] *Ibidem*, p. 196. "Os movimentos do 'sentido afetivo' são como forças motrizes que nos impelem a agir" – *Ibidem*, p. 193. O sentido afetivo "é o centro onde a recepção do ente se transforma em uma tomada de posição e ato pessoais" – *Ibidem*, p. 183.

[185] *Le problème de l'empathie*, p. 144.

[186] *Ibidem*, p. 162.

[187] *Ibidem*, p. 176.

[188] *Ibidem*, p. 162.

formado concorre para uma justa apreciação dos valores, a qual pode influenciar favoravelmente as disposições do sujeito, incitando-o a adotar uma atitude prática adequada. Ou ainda, uma vontade forte dá a capacidade de disciplinar as más inclinações ou as pulsões negativas e a forjar hábitos que lhes façam oposição. Do mesmo modo, uma sensibilidade purificada permite que se tire um melhor proveito das disposições estéticas.

Como já foi dito, por meio das *qualidades do caráter* (ou das propriedades psíquicas) se expressam os valores aos quais a pessoa é particularmente permeável e que a põem sempre mais em movimento. Em matéria educativa não se deve negligenciar e deixar de levar em consideração as qualidades do caráter, pois "a pessoa individual não pode acessar aquilo a que ela é chamada se ela não aprende a conhecer o domínio que suas aptidões naturais lhe indicam"[189]. Assim, "conhecer a criança significa igualmente perceber algo da orientação para uma finalidade inscrita em sua natureza. Não podemos formar os seres humanos em vistas de uma finalidade que seria a mesma para todos, nem segundo um esquema geral. Respeitar o que é próprio a cada criança é um meio essencial para detectar a orientação interior a uma finalidade"[190]. Essa orientação indica ao indivíduo o domínio onde ele é chamado a investir suas forças de modo particular[191].

O caráter confere a cada pessoa um modo próprio de se relacionar com o reino dos valores, de sentir tais valores e se deixar determinar por eles. Sob esse ângulo, o caráter remete às *aptidões naturais* ou *disposições originárias* que dispõem

---

[189] *Les problèmes posés par l'éducation moderne des jeunes filles*, F, p. 360.
[190] *De la personne humaine* I, p. 42.
[191] Ver *Ibidem,* p. 138.

cada pessoa não apenas a se abrir mais a um determinado domínio de valores do que a outro[192], mas igualmente a se situar de um modo específico frente a um mesmo objeto cultural. Tomemos como exemplo a receptividade dos seres humanos às obras de arte. É indubitável que o seu desenvolvimento depende em parte do contato efetivo com os objetos estéticos[193]; graças a esse contato se atualizam capacidades (hábitos adquiridos – *habitus*[194]) correspondentes à disposição natural (fala-se, assim, de um caráter formado). Mas não é menos certo que cada indivíduo se relaciona de um modo bem pessoal com um mesmo objeto estético cuja significação resulta de uma relação única, do acordo secreto que ele estabelece com a obra.

Admitindo que as aptidões naturais "podem ser ou desenvolvidas ou atrofiadas segundo o uso"[195], Edith Stein considera, todavia, que tais aptidões pertencentes à natureza humana do indivíduo fixam os limites ao processo de autoformação. Isso nos recorda que "toda natureza humana individual é uma natureza limitada. Ela não possui todas as disposições de que a natureza humana é capaz como tal. Existem seres humanos capazes do mesmo esforço espiritual, mas um irá desenvolvê-lo no domínio das matemáticas, ao passo que outro o desenvolve

---

[192] Edith Stein enfatiza que aquele que não tem nenhum dom para a matemática, apesar da qualidade do ensino que recebe nesse domínio, não se tornará um matemático. Além disso, ela precisa que a orientação do espírito em direção a um domínio particular também depende das circunstâncias exteriores.

[193] "Eu posso, pelo exercício, ser 'educado' a apreciar as obras de arte" – *Le problème de l'empathie*, p. 177.

[194] "Modelagem de uma disposição natural em hábito" – *De la personne humaine* I, p. 217. Edith Stein considera que o hábito que surge da prática constante é "algo que se possui em profundidade, que não se perde. [...] Quando precisamos, ele se atualiza" – Carta a Callista Kopf, 14 de janeiro de 1932, C1, pp. 568-569.

[195] *Le problème de l'empathie*, p. 177.

nas ciências humanas ou na arte; eles não são capazes de permutar seus campos de atividade (o que não significa que não exista a possibilidade de escolha e permuta em certo grau, mas tal possibilidade, queiramos ou não, tem seus limites)[196]. Nessa experiência de não-poder, o indivíduo toma consciência dos limites inerentes à sua própria maneira de ser.

Essa abordagem das disposições naturais não deixa de conter um problema fundamental que podemos enunciar do seguinte modo: O ser humano é determinado pelas suas próprias disposições? Em caso positivo, o que ocorre com a liberdade humana, condição do trabalho educativo?

10. A esfera da liberdade

Toda pessoa, estando inserida na Natureza, recebe de certo modo influências do meio e permanece tributária de parâmetros contingentes sobre os quais ela não tem domínio. Desse modo, por exemplo, uma morte brutal, a paralisia ou a fraqueza do organismo podem prejudicar o desenvolvimento da personalidade. "A pessoa que, nessa medida, fica 'incompleta' se parece com um esboço inacabado"[197].

O ser humano é um sujeito psicofísico[198] submetido, assim, à causalidade natural[199]. Admitindo isso, Edith Stein

---

[196] *De la personne humaine* I, p. 214. "Ela pode reprimir certas reações psíquicas, ocasionalmente ou *sistematicamente*, ou favorecer outras e *cultivá-las*, e desse modo trabalhar para a formação de seu *caráter*. Essas são a *autonomia* e a *autoeducação* de que ela é capaz" – *De la personne*, p. 25.

[197] *Le problème de l'empathie,* p. 179. Edith Stein precisa, no entanto, que "a pessoa espiritual existe, mesmo se ela não se desenvolveu como tal".

[198] A esfera psíquica se refere à totalidade das características próprias ao ser humano como ser inserido no mundo, distinto das coisas materiais e dos organismos vivos, assim como dos animais.

[199] Edith Stein aponta como exemplo da "causalidade psicofísica os efeitos produzidos sobre as funções do corpo por meio da vivência

se propõe, contudo, a mostrar, contra uma concepção determinista, que o sujeito humano – ser indissoluvelmente sensorial e espiritual – não é completamente governado pela natureza material[200], assim como também a atividade da vontade não se reduz apenas às forças psíquicas do indivíduo. Tal independência com relação à esfera meramente natural constitui precisamente o sujeito humano como pessoa. "Ser pessoa significa ser um ente livre e espiritual. Que o ser humano seja uma pessoa, eis o que o distingue de todos os seres naturais"[201].

A liberdade é inseparável da consciência que um ser humano tem de si mesmo, ou seja, de sua capacidade de se debruçar sobre si mesmo e sobre as diferentes dimensões que o constituem, inclusive sobre as determinações que o condicionam, para conseguir decidir, escolher.

Edith Stein descreve o agir livre como um processo que põe em jogo a percepção dos *motivos* a partir dos quais se elabora uma *decisão* que se encarna em um *ato voluntário*. Por meio de sua vontade, a pessoa visa objetivos. Mas, justamente o modo pelo qual a vontade se exterioriza na ação não pode ser reduzido a um encadeamento em que a causa determina seu efeito. O que caracteriza um ato livre como expressão da vida do espírito é ser *motivado* e, propriamente falando, não ser *causado*, mesmo existindo fatores que condicionam. Em outras palavras, "a vida do espírito acontece sob a forma

---

em sua realização psíquica" (a angústia produz a aceleração do pulso) e da "causalidade puramente psíquica": o "medo 'congela' o espírito, ou seja, eu experimento um efeito paralisante sobre os meus atos de pensamento" – *Le problème de l'empathie*, p. 92.

[200] "Como 'natureza', ela [a pessoa] está submetida às leis da causalidade; como 'espírito', às leis do sentido" – *Ibidem*, pp. 179-180.

[201] *De la personne humaine* I, p. 140. "Nós consideramos o ser espiritual como vida livre, consciente e pessoal" – *L'être fini et l'Être éternel*, p. 376.

da motivação, isto é, sob a forma de respostas às impressões conformes à razão"[202]. Desse modo, a vontade, em virtude de um motivo intelectualmente perceptível, se dirige para um objetivo; e a ação se torna verdadeiramente compreensível (a vontade é uma orientação consciente em direção a fins representados e não uma rede confusa de tendências incoerentes).

É claro que a percepção dos motivos não obriga um sujeito a realizar necessariamente os atos que correspondem a esses motivos. Se isso ocorresse, tal sujeito seria inteiramente determinado e não existiria mais liberdade[203]. Por isso, em última análise, cabe a cada pessoa dar peso aos seus motivos e consentir ou não a eles, a fim de que eles se tornem decisões autênticas. É por meio desse "sim" – que Edith Stein denomina *fiat* ("faça-se") – que as *motivações* se tornam as *decisões* das quais o "eu" pode verdadeiramente se reconhecer como autor. Esse *fiat* em que se concentra a liberdade pessoal faz de cada decisão um "momento propriamente criador"[204].

As ações humanas podem proceder de uma profundidade maior ou menor, mas o que caracteriza o ato verdadeiramente livre é que ele brota da camada mais profunda da pessoa. Ele emana desse "local onde o 'eu' tem seu lugar próprio, o lugar de seu repouso, que ele deve buscar enquanto não o encontra e para o qual ele deve retornar cada vez que dele se retira: é o ponto mais profundo da alma. É apenas a partir desse ponto que a alma pode se 'recolher', pois não existe outro ponto a partir do qual ela pode se possuir inteiramente.

---

[202] *De la personne*, p. 33. "Nós encontramos geralmente a palavra *motivação* designando esse *colocar em movimento* da alma *por* um motivo repleto de sentido e de força" – *L'être fini et l'Être éternel*, p. 435.

[203] "As leis da razão – diferentemente das leis da Natureza – não impõem necessidade, mas *motivam*" – *De la personne*, p. 26.

[204] *Le problème de l'empathie*, p. 101.

É apenas a partir desse ponto que ela pode tomar decisões definitivas, que ela pode se engajar por uma causa, que ela pode se abandonar e se doar. Todos esse são atos da pessoa"[205].

Edith Stein admite que o exercício do livre-arbítrio recebe sua força de vontade de que um indivíduo é mais ou menos dotado. A força de vontade constitui de fato uma qualidade do caráter que, como tal, remete a disposições originárias e, portanto, a limites impostos pela Natureza. Consequentemente, cada um dispõe naturalmente de uma quantidade maior ou menor de força de vontade. Mas, ao mesmo tempo, nossa autora insiste que o ato livre não depende essencialmente da força de vontade[206]. O ato voluntário permanece a propriedade da pessoa humana e o seu exercício envolve sempre a sua responsabilidade.

11. O cerne invariável da pessoa: obstáculo à visada educativa?

Insistindo sobre a realidade irredutível da liberdade humana, Edith Stein não deixa de reconhecer que a capa-

---

[205] *De la personne humaine* I, p. 153.

[206] "Uma potência merece uma atenção especial, qual seja, aquela que denominamos 'força de vontade'. Não se deve identificá-la com o 'livre-arbítrio'. Todo ser humano, como pessoa espiritual, é livre; pode querer; e, pelo seu querer, pode decidir seus atos e dirigir suas forças. O ato voluntário, como tal, constitui uma performance particularmente elevada. Desde o nascimento [da pessoa], uma quantidade maior ou menor de força é disponível para tais performances: trata-se da força natural, mais ou menos intensa. Mas o ato voluntário não está ligado a essa quantidade naturalmente disponível. Ele pode buscar sua força em todo o organismo; e, quanto mais isso é feito com frequência, tanto mais a força de vontade é reforçada, o que significa que uma quantidade maior de força fica disponível de modo habitual para performances voluntárias e que o ato particular 'custa' cada vez menos" – *De la personne humaine* I, pp. 217-218.

cidade da pessoa para se autoformar "não é ilimitada, pois esbarramos em limites; [...] encontramos um cerne invariável: a estrutura da pessoa. [...] A estrutura da pessoa delimita um domínio de variações possíveis no interior do qual ela pode desenvolver, 'em função das circunstâncias', sua manifestação exterior real"[207].

Parece que deparamos aqui com uma contradição. Com efeito, se o desenvolvimento integral da pessoa, visado pela educação, procede da interioridade mais profunda da alma, então parece legítimo pretender penetrar até o seu *cerne*. Mas esse cerne é justamente o que não pode ser modificado.

Como, então, conciliar a liberdade inerente ao trabalho educativo, a capacidade que um sujeito tem de se aperfeiçoar, com o limite dado pela Natureza, especialmente aquela determinada pelo cerne da pessoa? Em que sentido Edith Stein pode dizer que o cerne da pessoa se subtrai de todo processo evolutivo sem, contudo, negar a sua liberdade?

Para superar essa aparente contradição nós escolhemos recorrer a uma analogia musical.

12. Uma analogia musical

O *cerne da personalidade* se refere à individualidade designada como "algo de misterioso"[208].

> A individualidade não é uma disposição a certas reações nem uma faculdade psíquica. Ela se mantém *por detrás* de todas as *disposições* e reações naturais. Lá onde elas estão presentes, ela lhes imprime sua marca, mas ela é independente dessas e não desaparece com elas. Todo o

---

[207] *Le problème de l'empathie*, p. 177.

[208] *De la personne humaine* I, p. 40. "Por isso a própria individualidade é designada como algo incomunicável" – *L'être fini et l'Être éternel,* p. 466.

caráter de uma pessoa, isto é, a totalidade das disposições naturais especificadas por meio de sua individualidade psíquica, pode ser destruído; a alma pode ser arrancada desse fundamento natural de onde e com o qual ela foi elevada; e, contudo, pode conservar sua individualidade. Essa individualidade é *intangibilis* (intocável). Ela impregna tudo o que penetra na alma e tudo o que sai dela.[209]

Assim, não deixa de conservar sua individualidade mesmo quem se encontre com suas *faculdades* deterioradas e apresente certas reações que não exprimem mais as *qualidades psíquicas* que antes lhe eram atribuídas. Edith Stein dá um belo exemplo, lembrando a idade avançada de sua tia Mika: embora se encontrasse muito diminuída no final de sua existência, seu ser íntimo perdurava e impregnava seu comportamento apesar de suas perdas de memória[210]. Sua tia Mika continuava receptiva à linguagem do amor e capaz de responder. A permanência de sua bondade de base, tal como notava Edith Stein, traduzia sobretudo a persistência de uma *qualidade de ser* que continuava a reluzir como a coloração intacta subjacente mesmo a qualidades psíquicas alteradas no momento presente.

O cerne confere à pessoa a sua nota individual, um selo particular que a distingue de todas as outras. Esse cerne se desdobra no caráter, constitui sua unidade indissolúvel e transparece até nas expressões corporais. À medida que delimita para cada pessoa o campo de suas possibilidades, o cerne pode ser comparado com uma *partitura* interior, a designação de um *lógos* inato cuja estrutura indica a cada um o *repertório* que lhe corresponde e no interior do qual cada um é chamado a desenvolver sua essência.

---

[209] *De la personne*, pp. 36-37.
[210] *Vie d'une famille juive*, p. 50.

Sobre essa base, o *caráter*, no sentido da totalidade das qualidades psíquicas que impregnam o comportamento conferindo-lhe uma homogeneidade ou um *ethos*[211] e que também se enraíza no cerne da personalidade, corresponde analogicamente à *extensão* da voz (as notas que um cantor consegue articular).

Por fim, à *tessitura* da voz (as notas mais adequadas à voz do cantor e que ele emite com naturalidade e perfeita qualidade sonora) corresponderia o desenvolvimento mais pleno possível da personalidade visado pela educação (e por personalidade podemos entender o modo pelo qual o caráter de uma pessoa transparece em suas atitudes revelando algo de seu cerne intocável).

Essa seria a combinação dos diferentes elementos da nossa analogia musical[212]. Nessas condições, o gesto educativo pode ser apreendido como um processo criativo em que se manifesta progressivamente e de maneira imprevisível a verdade *melódica* da vida pessoal[213].

---

[211] "Por *ethos* deve-se entender, no sentido literal, algo durável que rege os atos do ser humano: ao dizer isso, não pensamos em uma lei que seria ditada do exterior ao ser humano ou que viria do alto, mas em algo que atua nele próprio, uma *forma interior*, uma habitualidade psíquica (*Seelenhaltung*) ou o que a Escolástica chamava de *habitus*. Tais habitualidades psíquicas concedem aos diversos modos de comportamento um caráter determinado e homogêneo; e é graças a esse caráter que elas se tornam visíveis no exterior" – *L'ethos des professions féminines*, F, pp. 65-66.

[212] "O conjunto das frequências utilizadas por um sujeito é chamado extensão da voz. O conjunto das frequências utilizadas em voz cantada é também chamado tessitura. Em um cantor bem treinado, a tessitura acaba coincidindo com a extensão" – LE HUCHE, F. & ALLALI, A., *La voix. Anatomie et physiologie des organes de la voix et de la parole*. Tomo 1. Paris: Masson, 2001, p. 95.

[213] É útil lembrar que a *extensão*, em música, designa o conjunto de notas que uma pessoa consegue emitir, ao passo que a *tessitura* corresponde

13. Uma interação criativa

Ao adotar tal perspectiva, temos razões para considerar a arte de educar segundo Edith Stein um verdadeiro gesto de *criação*. Ele resulta de uma interação dinâmica entre, de um lado, a liberdade do indivíduo e a energia de que ele dispõe originariamente[214], e, de outro lado, um conjunto de dados que "atuam, em parte do exterior, em parte do interior"[215], e constituem igualmente fontes de energias suscetíveis de alimentar o processo de formação.

> A alma, suas vivências e todas as suas características constitutivas estão em dependência de todo o tipo de circunstâncias; submetem-se também às suas influências recíprocas, bem como à influência dos estados e da composição [*Beschaffenheit*] do corpo; por fim, são integrados ao sistema completo da realidade física e psíquica. É sob a ação permanente de tais influências que o indivíduo se desenvolve, com todas as suas características constitutivas.[216]

O desenvolvimento da pessoa deve articular todos esses dados; e a arte de educar consiste em fazer as influências múltiplas concorrerem da melhor maneira para a realização do objetivo educativo almejado, a saber, o acesso a uma personalidade plenamente desenvolvida, visto que "é

às notas que ela articula com naturalidade e qualidade musical. Se a extensão se refere às notas que alguém é fisicamente capaz de emitir, a tessitura indica as particularidades e possibilidades de variação de sua voz (tenor, barítono etc.).

[214] "A fonte originária é um dado de nascimento, análogo à constituição psicofísica" – *De la personne*, p. 62.

[215] *Les fondements de l'éducation féminine*, F, p. 91.

[216] *Le problème de l'empathie*, p. 177.

concebível que a vida de um ser humano seja um processo de desenvolvimento perfeito de sua personalidade"[217].

Entre os dados internos que devem ser tomados em conta no processo educativo, Edith Stein destaca "a *natureza* da criança, com a qual não se pode 'fazer' o que se bem entende"[218] e sua "*liberdade,* que pode se opor à educação e anular todos esses esforços". É um fato que, pela sua liberdade, o indivíduo "pode se abrir ou se fechar às influências educativas"[219].

A esses limites se acrescentam "as insuficiências do próprio educador: o caráter limitado do conhecimento que, mesmo com boa vontade, não tem condições, por exemplo, de explorar totalmente a natureza da criança a ser educada"[220].

No que concerne às influências externas, nós podemos mencionar diversas, sem perder de vista que elas interagem permanentemente com o estado interior do sujeito afetado por elas. Entre as "influências do meio que agem de modo involuntário"[221] sobre um sujeito existem os sentimentos que provêm de pessoas que o rodeiam e que podem tanto devorar sua energia interior (pela desconfiança), quanto fazê-la crescer e fortificá-la (pelo amor ou a confiança). Edith Stein toma aqui o exemplo de um professor que comunica entusiasmo à sua classe.

Ainda a respeito das influências externas, é preciso insistir particularmente sobre as fontes objetivas de energia espiritual fornecida pelas criações do espírito. Na verdade, lembremos: se o ser humano "está enraizado no mundo material e dele retira a sua força, [...] ele está igualmente situado

---

[217] *Ibidem*, pp. 178-179.
[218] *De la personne humaine* I, p. 39.
[219] *Les fondements de l'éducation féminine*, F, p. 93.
[220] *De la personne humaine* I, p. 39-40.
[221] *Les fondements de l'éducation féminine*, F, p. 92

no mundo do espírito e […]também encontra lá do que se alimentar e se construir"[222]. Os objetos culturais, encarnações de "valores espirituais de todo o tipo, pessoais e objetivos"[223], são vetores privilegiados de energia assimilável pela alma humana.

Como síntese das aquisições anteriores, diremos que o gesto educativo se aplica a "formar as diversas faculdades do organismo humano de modo que o corpo e a alma recebam o que lhes é devido por direito; e que um não seja desenvolvido em detrimento do outro; ora, para essa finalidade, é preciso que seja conservada a ordem segundo a qual o corpo está subordinado à alma […]; por sua vez, as faculdades inferiores devem ser submetidas às faculdades superiores. E […] nenhuma faculdade superior, assim como nenhum dom, devem murchar; desse modo, o entendimento, o 'sentido afetivo' e a vontade devem desabrochar, de maneira que o entendimento seja a luz que indica o caminho para as outras faculdades"[224].

Além disso, nós sabemos que, para atingir o seu objetivo, a educação se apoia sobre uma primeira força formadora que é a forma interna. Ora, ela mesma é formada pelas forças formadoras internas e externas, que impõem limites ao trabalho educativo.

14. Abertura para uma antropologia teológica

"A natureza fixa os limites do trabalho educativo pessoal; a natureza e a liberdade do ser humano a ser formado fixam os limites do trabalho educativo efetuado por outrem"[225]. As limitações objetivas que a natureza e

---

[222] *De la personne humaine* I, p. 194.
[223] *De la personne*, p. 62.
[224] *La destination de la femme,* F, p. 118.
[225] *Vie chrétienne de la femme*, F, p. 186.

a liberdade impõem à educação, longe de arruinar toda e qualquer possibilidade, podem ser apreendidas como a pedra de toque de uma aceitação realista da condição humana.

Porém, Edith Stein não se detém nesse ponto. Apesar de aceitar os limites constitutivos que restringem o agir educativo, ela admite que existe, porém, um só e único criador para o qual esses limites não subsistem: é *Deus*.

Tal afirmação convida a realizar a passagem do ponto de vista filosófico sobre o ser humano para o ponto de vista teológico e, inclusive, como veremos a seguir, teologal e místico.

> O exame filosófico radical esbarra aqui, como sempre, nos seus próprios limites: assim, nós somos confrontados a questões que nem as ciências experimentais nem a filosofia são capazes de resolver. (As questões relativas à origem, tanto do indivíduo quanto da humanidade, reaparecem aqui). O que ultrapassa as possibilidades naturais do entendimento humano pode ser desvelado pela luz sobrenatural da Revelação. Ela é concedida especialmente ao ser humano para que não exista nenhum ponto de incerteza sobre a sua origem e sobre a sua finalidade, assim como sobre as vias que podem conduzi-lo a tal finalidade. A antropologia filosófica solicita, então, por si mesma, ser complementada por uma *antropologia teológica*, isto é, por um colocar em evidência a imagem de ser humano que está contida em nosso dogma. É evidente à primeira vista que tanto a antropologia filosófica quanto a teológica possuem uma importância decisiva [...] para a totalidade dos problemas que aparecem no domínio da pedagogia[226].

---

[226] *La fondation théorique de l'éducation féminine*, F, pp. 414-415. Desde 1917, Edith Stein reconhece a impossibilidade de esboçar uma teoria da pessoa "sem abordar a questão de Deus" (Carta a Roman Ingarden, de 20 de fevereiro de 1917, C1, pp. 81-82.

CAPÍTULO 4

EDUCAÇÃO E DESTINAÇÃO SOBRENATURAL DA PESSOA

1. A necessidade da graça

Edith Stein considera que a educação, como recriação da pessoa a partir de sua interioridade, não é o resultado apenas de forças humanas. Com efeito, "a única força formadora que, ao contrário de todas aquelas que nós mencionamos até aqui, independe dos limites impostos pela natureza e é ainda capaz de transformar por dentro a própria forma interior é a *força da graça*"[227]. Está claro que tal afirmação não exclui de modo algum "a possibilidade por princípio de uma resistência à graça"[228], possibilidade inerente à liberdade humana[229], que Deus respeita até o fim[230].

Edith Stein quer sobretudo lembrar os limites constitutivos da natureza humana criada. Em virtude deles, o desenvolvimento da pessoa não poderia remeter-se

---

[227] *Les fondements de l'éducation féminine*, F, p. 93.

[228] *De la personne*, p. 43.

[229] "A liberdade de Deus, que nós chamamos de onipotência, dá-se como limite a liberdade do ser humano". Isso significa "a possibilidade por princípio de se excluir da redenção e do reino da graça", mesmo se, "de fato, isso possa se tornar infinitamente improvável" – *Ibidem*, pp. 42-43.

[230] "Cabe à alma decidir sobre ela própria. O grande mistério que constitui a liberdade da pessoa é que o próprio Deus para diante dela. Ele não quer dominar os espíritos criados a não ser pela entrega livre que eles lhe fazem do seu amor" – *La science de la Croix*, p. 180.

unicamente à "razão escondida"²³¹ que sustém a vida psíquica natural, bem como não pode consistir simplesmente em um comportamento guiado por princípios racionais. Por conseguinte, devemos reconhecer que, embora o fundamento natural da educação resida na forma interior, não é possível permanecer nos limites dessa única "força estruturante no ser humano"²³².

O ponto central é o seguinte: os recursos naturais apartados da vida divina não permitem ao ser humano atingir sua realização plena. Para compreender o alcance dessa afirmação convém, evidentemente, considerar a condição da criatura humana ferida pelo pecado original²³³.

> O ser humano foi bom na origem, senhor de seus instintos em virtude de sua razão, orientada para o bem com toda a liberdade. Mas, como o primeiro ser humano se desviou de Deus, a natureza humana decaiu e perdeu seu estado original: os instintos se revoltaram contra o espírito, a inteligência obscureceu-se, a vontade enfraqueceu-se.²³⁴

No estado da natureza decaída, "o entendimento é obscurecido [...], a vontade enfraquecida, o coração inclinado para o mal"²³⁵. Desde então, "nós carregamos dentro

---

[231] "A vida psíquica natural é regida por uma razão escondida; ela é submetida a leis que o sujeito ignora e às quais (...) ela obedece cegamente" – *De la personne*, p. 25.

[232] *De l'art de donner forme à sa vie*, SC, p. 96.

[233] "O pecado deve ser entendido como a oposição a Deus. Está em estado de pecado a alma que se revolta contra Deus, mas também aquela que vive longe de Deus e em oposição a seu Espírito. Da mesma forma que o afastamento e a oposição constituem o pecado, este só pode ser apagado pela proximidade e pela união" – *De La personne*, p. 67.

[234] *De La personne humaine* I, p. 33.

[235] *L'être fini et L'Être éternel*, p. 507.

de nós o combate entre a natureza corrompida e a semente da vida da graça"[236].

A partir do momento em que admitimos que "a natureza não está mais intacta e não garante mais por si só um desenvolvimento conveniente"[237], é preciso, levando em conta esse dado, recorrer a outra realidade. Nesse caso, o ser humano só pode alcançar o fim que é o seu pelo dom renovado da graça.

> Apenas a força da graça está em condições de transformar a natureza decaída de um modo que não lhe seja exterior; de desenraizá-la verdadeiramente para remodelá-la do interior (...). É apenas pela força da graça que a natureza pode ser desembaraçada das escórias, reestabelecida em sua pureza e liberada de seus entraves, para estar pronta a acolher a vida divina. Ora, essa vida divina, ela própria, é a força motriz interior.[238]

Afirmar a necessidade da graça[239] significa admitir que, "para o ser humano, uma destinação sobrenatural enraíza-se em uma destinação natural"[240]. Edith Stein entende a destinação sobrenatural como um apelo dirigido ao ser humano para se colocar voluntariamente "ele próprio, ou seja, tudo

---

[236] *La vocation de l'homme et de la femme selon l'ordre de la nature et de la grâce*, F, pp. 154-155.

[237] *La destination de la femme*, F, p. 118.

[238] *L'ethos des professions féminines*, F, pp. 74 e 84. "A cooperação da graça é, com efeito, já necessária para que o ser humano decaído, cuja natureza não é mais intacta e não assegura mais por si só um desenvolvimento conveniente, possa realizar sua destinação natural" – *La destination de la femme*, F, p. 118.

[239] "Nós não temos o direito de eliminar essa última (a graça); nós não podemos fazê-lo como católicos" – Apêndice em: *Les fondements de l'éducation féminine*, F, p. 439.

[240] *La destination de la femme*, F, p. 118.

o que ele é e tudo o que ele tem, a serviço do Criador, viver como filho de Deus e na mão de Deus, e, assim, amadurecer para a contemplação eterna de Deus".

A educação aparece, então, como o lugar de uma aliança restaurada entre os esforços do ser humano e a ação da graça divina.

Ao dizer que "o maior educador humano e o mais essencial não é o ser humano, mas Deus"[241], Edith Stein convida o educador humano a uma profunda humildade diante da imensidão de sua tarefa, sabendo que "nem as melhores personalidades educativas nem os melhores estabelecimentos educativos oferecem, a bem da verdade, uma garantia para o sucesso, mesmo que se disponha dos dois [personalidade e estabelecimento]. Eles só conseguem fazer aquilo que é humanamente possível"[242]. É admitindo isso que os "seres humanos podem participar desse trabalho de educação, não como instrumentos inanimados, mas como seres vivos, capazes de responder livremente ao movimento da graça. É por isso que podemos legitimamente considerá-los co-criadores na formação de um ser humano"[243].

O ser humano não é, então, a única medida do homem. Educar não é se conformar com um modelo construído por mãos humanas, com o risco de reduzir a formação da pessoa a um tipo de performance, um adestramento

---

[241] *Vie chrétienne de la femme*, F, p. 198.

[242] *Ibidem*, pp. 197-198.

[243] *L'art d'éduquer – Regard sur Thérèse d'Avila*, pp. 87-88. "O método do Senhor consiste em formar os seres humanos pelos seres humanos. Da mesma forma que a criança, para seu desenvolvimento natural, é dependente dos cuidados dos adultos e da educação que lhe dão, assim também a fé perpetua-se pela mediação humana; os seres humanos são utilizados como instrumentos para fazer resplandecer no outro a faísca divina e para nutri-la" – *Vie chrétienne de la femme*, F, pp. 221-225.

artificial, simples caricatura do aperfeiçoamento de si pretendido pela educação.

2. O amor como perfeição existencial suprema

A própria ideia de uma perfeição a ser buscada supõe a referência a uma ordem de valores. É por isso que devemos nos perguntar qual é, na hierarquia dos valores, o valor supremo cuja realização constituiria para o ser humano o acesso à "perfeição existencial suprema"[244] e conforme o qual se organiza o desenvolvimento pleno da personalidade, que é a finalidade do gesto educativo.

Em sua tese sobre a *empatia*, Edith Stein definia a pessoa como um "sujeito espiritual"[245] por sua capacidade de sentir, quer dizer, de ser afetado e de se ajustar mais ou menos adequadamente aos valores, de responder a eles, realizando-os na prática.

Posteriormente, ao falar de "pessoa espiritual"[246], ela utiliza o adjetivo *espiritual* para designar "o que possui uma *interioridade* em um sentido totalmente não espacial e que permanece *em si*, mesmo saindo de si"[247]. É o que podemos chamar de *estrutura extática* da pessoa como *ser espiritual* (é próprio do espírito permanecer em si, mesmo saindo de si).

Ora, essa estrutura extática do espírito pode, ela própria, ser interpretada como o indício da vocação do ser humano a transcender-se numa ascensão que o faz encontrar

---

[244] *L'être fini et l'Être éternel*, p. 453.
[245] *Le problème de l'empathie*, p. 154.
[246] *L'être fini et l'Être éternel*, p. 425.
[247] *Ibidem*, p. 360.

sua realização no dom de si próprio, já que "nesse dom ele [o espírito] se revela totalmente"[248].

Tomando isso por base, podemos admitir que os valores mais altos são aqueles que elevam o ser humano para além de si próprio, conforme a "essência da estrutura da pessoa (que) é de conduzir para além dela mesma"[249], de transcender-*se*. Tais valores correspondem à estrutura extática da pessoa humana como sujeito espiritual.

Desse ponto de vista, o amor, cuja "essência mais íntima [...] é um dom de si"[250], pode ser considerado como o valor mais extático e, portanto, mais alto, aquele que faz ao máximo o ser humano sair de si próprio sob a forma do dom, liberando-o daquilo que dificulta o desabrochar pleno de sua essência.

O fenômeno extático do amor, entendido como um transcender-*se* a si mesmo, é constatado muito particularmente no caso da relação com outrem. É assim que Edith Stein considera o ato de amar como um olhar ao outro *como* pessoa, quer dizer *por* ele mesmo, no pleno reconhecimento de seu valor intocável.

> Nós temos, no ato de amar, um ato de captar ou de visar o valor da pessoa, que não é uma avaliação baseada em outra coisa diferente da própria pessoa; nós não amamos uma pessoa porque ela faz o bem, [...] mas ela própria é plena de valor e é "por ela mesma" que a amamos. Essa

---

[248] *Ibidem*. Essa estrutura extática do espírito e sua realização como dom de si próprio são a marca de seu ser à imagem e à semelhança do Deus trinitário, cuja vida íntima é o arquétipo supremo do amor-dom: "No dom de si total das pessoas divinas, pelo qual cada uma despoja-se inteiramente nas outras, temos diante de nós o espírito em sua realização a mais pura e a mais perfeita" – *Ibidem*.

[249] *La personne humaine* I, p. 227.

[250] *L'être fini et l'Être éternel*, p. 412.

capacidade de amar que se expressa em nosso amor enraíza-se em uma profundidade diferente da capacidade de avaliar moralmente que se experimenta na avaliação da ação.[251]

Essa maneira de se referir ao outro como a uma pessoa representa uma *relação absoluta* com um ser humano, na medida em que isso exige ultrapassar todas as justificações. Nesse sentido, amar se assemelha a um ato de fé, já que um amor tão incondicional exige "desconsiderar qualquer experiência relativa aos traços de caráter, às atitudes, aos modos de agir"[252], para olhar apenas para um "algo que, no ser humano, se mantém ao longo de todas as mutações e sob todas as transformações".

Tal amor nos faz sair de nós mesmos. Ele obriga a elevar-nos para além do nível binário e horizontal das afinidades naturais, colocando-nos face a outrem como face a um *próximo*, quer dizer, "aquele que se encontra diante de nós e que mais precisa de nós – quer seja parente ou não, quer nós o consideremos simpático ou não, quer ele seja ou não moralmente digno de nossa ajuda"[253].

Ora, isso constitui justamente uma impossibilidade no plano da natureza: isso ultrapassa as forças simplesmente

---

[251] *Le problème de l'empathie*, p. 166.

[252] *De la personne*, p. 75: "Quem ama verdadeiramente vê a pessoa amada tal 'como saiu das mãos de Deus', tal como ela poderia ser atualmente se fosse totalmente ela mesma e presente a si. [...] Nessa relação absoluta com um ser humano, nós somos tocados interiormente por sua densidade de ser pessoa, como se fôssemos tocados pela mão de Deus". Mas Edith Stein também especifica: "o que o ser humano é, nesse sentido absoluto, ele pode sê-lo mais ou menos na atualidade da vida terrestre. Menos ele o é, menos podemos apoiar-nos nele; se tentamos isso, caímos no vazio. Não há aqui verdadeira segurança".

[253] *La Crèche et la Croix*. Genebra: Ad Solem, 1995, pp. 39-40 (doravante *La Crèche et la Croix*).

humanas. Em consequência, a realização efetiva de tal amor pelo ser humano, por menos que se admita como possível, deve necessariamente beber em uma fonte transcendente, "uma fonte de energia que vai além da natureza humana"[254]. Para falar de outro modo, apenas a graça torna capaz de amar o próximo com um amor sobrenatural de caridade[255].

> Diante do jogo das inclinações e das repulsões, ergue-se o mandamento do Senhor: *Amarás o teu próximo como a ti mesmo*. Tal mandamento vale sem condições nem restrições. O *próximo* não é aquele que eu *amo*. É qualquer ser humano que se aproxima de mim, sem exceção. Novamente é dito aqui: podes porque deves. É o Senhor que exige isso; e ele não exige nada de impossível. Ou melhor, ele torna possível o que seria naturalmente impossível. Os santos que, confiantes na palavra divina, decidiram elevá-la até o amor heroico por seus inimigos, tiveram realmente a experiência dessa liberdade do amor. Talvez uma aversão natural se manifestará ainda durante certo tempo; mas ela não tem força e não pode agir sobre o comportamento que é guiado pelo amor sobrenatural. Na maior parte dos casos, ela cede diante da força superior da vida divina que preenche a alma cada vez mais.[256]

Situando o amor como valor supremo, assistimos a uma gradação ascendente que abre a existência humana para a transcendência divina. Seguindo tal movimento,

---

[254] *L'être fini et l'Être éternel*, p. 441.
[255] Edith Stein relembra muito claramente a diferença entre a caridade perfeita e o "amor natural" que "quer ter o ser amado para si e, tanto quanto possível, possuí-lo sem partilha" – *La Crèche et la Croix*, p. 40.
[256] *L'être fini et l'Être éternel*, p. 442.

podemos legitimamente considerar que "colocar o supraterrestre acima de todos os valores terrestres corresponde à hierarquia dos valores"[257].

Destacando assim a exigência de transcendência e de objetividade inscrita no cerne de cada ser humano – e que não é outra coisa senão a aspiração à verdade – Edith Stein, contra a arbitrariedade do relativismo, incita os educadores a tornar-se "seres humanos que estejam solidamente ancorados no fundamento que constitui a eternidade e com maneiras de ver e de agir não submetidas de modo algum à influência variável das opiniões do momento, dos disparates e dos caprichos da moda que os rodeiam. Tais seres são como pilares inabaláveis sobre os quais muitas pessoas podem se apoiar; graças aos educadores, as pessoas podem, por sua vez, ter novamente bases sólidas como apoio"[258].

Nossa autora procurou muito cedo tal apoio para sua existência[259]. A procura por um chão firme, por aquilo que possui o máximo de consistência e que nunca falta conduziu-a "até os últimos fundamentos que podem ser alcançados"[260], isto é, até o princípio último da realidade: o Ser absoluto[261], o Criador que funda a objetividade do mundo e

---

[257] *Vie chrétienne de la femme*, F, p. 196.

[258] *La valeur spécifique de la femme et son importance pour la vie du peuple*, F, p. 50.

[259] "E eu encontrei um ponto de apoio que, em certa medida, me torna independente de quaisquer condições e perturbações exteriores" – Carta a Roman Ingarden, 12 de maio de 1918, C1, p. 132.

[260] *L'être fini et l'Être éternel*, p. 26.

[261] Por esse teocentrismo, Edith Stein se distingue daquilo que ela denomina o egocentrismo de Husserl, que absolutiza a consciência constituinte: "Husserl [...] reconhece um ser absoluto ao qual ele remete todo o resto e a partir do qual se compreende todo o resto: uma multidão de seres humanos, isto é, de sujeitos entre os quais cada um, em seus atos, constitui seu mundo, mas que mantém relações

a existência dos seres finitos[262], a Verdade suprema. Ela o fez a tal ponto que, retomando seu próprio percurso intelectual e espiritual, revelará: "Deus é a verdade. Quem procura a verdade procura Deus, quer o saiba claramente ou não"[263].

3. A fé

Isso significa dizer que o ser humano "que não quer tornar-se infiel ao seu propósito de compreender o ente em suas últimas causas, vê-se obrigado a estender suas reflexões, no domínio da fé, para além daquilo que lhe é acessível naturalmente"[264]. Isso é devido ao fato de que a atividade *natural* do espírito não é imediatamente adaptada a Deus, que "ultrapassa tudo o que é criado, [...] encontra-se para além

---

recíprocas e que, na troca de suas experiências, constituem um mundo intersubjetivo. Tudo aquilo que é exterior a essas mônadas é constituído por seus atos e relativo a estes. [...] Mas, na verdade, é necessário dizer que, por causa da absolutização das mônadas, não há lugar para Deus – no sentido da ideia que temos de Deus, ou seja, que reconhece nele próprio o único ser Absoluto e até mesmo o coloca como ser Absoluto" – *La signification de la phénoménologie*, p. 14.

[262] "Convém então afirmar, em uma perspectiva ontológica, que o ser humano, como tudo o que é finito, remete a Deus e permaneceria incompreensível sem essa relação com o ser divino: tanto em relação ao fato de que ele *é* (sua existência), quanto em relação *àquilo* que ele é" – *De la personne humaine* I, pp. 267-268.

[263] Carta a Adelgundis Jaegerschmid, 23 de março de 1938, C2, p. 380.

[264] *L'être fini et l'Être éternel*, pp. 28-29. "Segundo minhas convicções – não apenas religiosas mas também filosóficas – existem coisas que estão para além dos limites das possibilidades do conhecimento natural. A filosofia compreendida como uma ciência fundada no conhecimento puramente natural, tal como sem nenhuma dúvida você a concebe, é capaz de reconhecer seus limites. Mas, então, é *filosoficamente* consequente respeitar os limites e não é razoável querer por meios puramente filosóficos conseguir ultrapassar essas fronteiras" – Carta a Roman Ingarden, 10 de fevereiro de 1928, C1, p. 368.

de tudo o que pode ser apreendido e compreendido"[265]. Assim, compete às virtudes teologais, infusas no batismo e implantadas nas faculdades da alma[266], ajustar o ser humano a Deus[267].

Mais precisamente, *a fé* é "o caminho que nos conduz pela noite em direção a esse fim que é a união com Deus. Nela se realiza o novo nascimento doloroso do espírito, a transformação de seu ser natural em um ser sobrenatural"[268].

> A fé viva consiste em uma firme convicção de que Deus é. Ela toma por verdadeiro tudo aquilo que Deus revelou. É enfim uma disposição para se deixar conduzir pela vontade divina. [...] É denominada fé a substância da revelação divina, a aceitação do conteúdo dessa revelação e enfim o dom amoroso que fazemos de nós mesmos a Deus.[269]

---

[265] *La science de la Croix*, p. 130. "A inteligência não pode [...] por conta própria fazer-se uma ideia de Deus que esteja à altura de seu objeto. A memória não pode criar, por sua imaginação, formas ou imagens capazes de exprimir Deus. A vontade não pode saborear prazeres ou encantos semelhantes àqueles que Deus é em Si mesmo [...]. É por isso que devemos superar todas as coisas e elevar, em direção ao Deus inapreensível e incompreensível, essas potências pelas quais apreendemos e compreendemos as criaturas. Nem os sentidos nem a razão são capazes de chegar lá [sozinhos]" – *Ibidem*, pp. 69 e 130-131.

[266] À luz da doutrina de São João da Cruz, Edith Stein insiste sobre a relação mútua entre as três potências do espírito (inteligência, vontade, memória) e as três virtudes teologais (fé, caridade, esperança): ver *Ibidem*, pp. 123 e 189-190.

[267] "A purificação necessária para essa união transformadora se opera na *razão* pela *fé*, na *memória* pela *esperança* e na *vontade* pela *caridade*" – *Ibidem*, p. 65.

[268] *Ibidem*, p. 123. A fé "é uma subida em direção a alturas que podemos cada vez menos apreender e uma descida em direção a abismos cada vez mais profundos. [...] Ela nos ensina, de fato, que Deus não é nada daquilo que pode ser apreendido e compreendido; e ela nos convida a entrar em seu caminho obscuro, o único que nos conduz ao fim" – *Ibidem*, pp. 124 e 133.

[269] *Ibidem*, pp. 189 e 205.

A fé, como livre resposta à graça, isto é, à iniciativa primeira, gratuita e livre do amor divino[270], é "um dom que pede para ser aceito. A liberdade de Deus e a liberdade do ser humano se encontram nela"[271]. É por isso que uma resposta representa uma autêntica decisão. Evocando "a grande aposta da fé"[272], que consiste em "entregar-se inteiramente nas mãos de Deus sem nenhuma garantia humana"[273], Edith Stein não faz de modo algum de tal ato um salto cego que se realizaria em virtude do absurdo. Afinal, a fé representa um conhecimento seguro, ainda que obscuro[274], de Deus reconhecido como "aquilo que nos sustenta e aquilo em que cremos ter um apoio sobre o qual podemos contar o tempo todo [...]. A constância faz parte do objeto da fé"[275]. O Ser divino é o amor absolutamente estável que funda "a certeza absoluta daquele que permanece firme na fé"[276]. Uma segurança vivida como o abandono "da criança carregada por um braço forte"[277].

---

[270] A graça "é o Espírito de Deus que chega, o amor divino que desce sobre nós". Essa "descida da graça na alma humana é um ato livre do amor divino" – *De la personne*, pp. 80 e 42.

[271] *Les voies de la connaissance de Dieu. La théologie symbolique de Denys l'Aréopagite*. Genebra: Ad Solem, 2003, p. 68 (doravante *Les voies de la connaissance de Dieu*). "Assim, a fé é uma apreensão de Deus. A apreensão, entretanto, supõe um ser apreendido: não podemos crer sem a graça" – *L'être fini et l'Être éternel*, p. 34.

[272] Carta a Roman Ingarden, 20 de novembro de 1927, C1, p. 362.

[273] Carta a Erna Herrmann, 8 de setembro de 1931, C1, p. 555.

[274] "A fé é um conhecimento, pois nos entrega a verdade; mas trata-se de um conhecimento *obscuro*, no sentido de que a certeza que ela compreende não é fundada sobre uma visão direta das verdades recebidas na fé" – *Les voies de la connaissance de Dieu*, p. 50.

[275] *De la personne*, p. 74.

[276] *Ibidem*, p. 75.

[277] "Eu sei que sou amparado e esse amparo me dá calma e segurança. Certamente, não é a segurança confiante em si mesma do ser humano

Isso não impede que a *objetividade* imutável do amor de Deus seja mais frequentemente vivida *subjetivamente* sob o modo doloroso da ausência e da noite[278]. Isso indica sobretudo que tal amor não pode ser medido pelo modo como o ser humano o sente, mas também que a fé viva, que se encarna na "entrega amorosa de nós mesmos a Deus"[279], implica o abandono de todas as seguranças simplesmente humanas, em um *gesto de amor vertical* que só pode ser aquele da graça no ser humano que colabora com ela livremente[280].

A fé só se torna verdadeiramente viva e atuante pelo acolhimento pessoal e livre do dom recebido: é isso que testemunha de maneira exemplar o itinerário de Edith Stein. Sua adesão ao Cristianismo[281] e depois ao Catolicismo[282] não

---

que, por sua própria força, se sustenta em um chão firme, mas a segurança suave e alegre da criança carregada por um braço forte [...]. Com efeito, seria *razoável* a criança que vivesse constantemente com medo de que sua mãe a deixasse cair?" – *L'être fini et l'Être éternel*, p. 64.

[278] "Assim unido ao Cristo, o cristão ficará firme, inabalavelmente, na noite escura vivida subjetivamente como um distanciamento e um abandono de Deus [...]. É por isso, ainda, e precisamente no coração da noite mais escura, *que seja feita sua vontade*" – *La Crèche et la Croix*, p. 45.

[279] *La science de la Croix*, pp. 189 e 203.

[280] Disso é testemunha, por exemplo, a decisão de Edith Stein de entrar no Carmelo: "Eu só podia me decidir pela obscuridade da fé" – *Comment je suis venue au Carmel de Cologne*, in *Vie d'une famille juive* p. 556.

[281] Ver a Carta do Padre Johannes Hirschmann à Irmã Teresia Renata Posselt, do dia 13 de maio de 1950, apud DOBHAN, U., "Thèrese d'Avila et Edith Stein", in *Edith Stein: disciple et maîtresse de vie spirituelle*. Toulouse: Éditions du Carmel, 2004, pp. 31-32.

[282] Ver *Comment je suis venue au Carmel de Cologne*, in *Vie d'une famille juive*, p. 546. A respeito de sua adesão à Igreja Católica, Edith Stein declara: "Eu não aderi a ela para ter alguma vantagem ou porque pessoas tivessem me atraído, mas porque sua doutrina e a fé em seus sacramentos tornavam para mim essa adesão incontornável". Carta a Werner Gordon, 4 de agosto de 1933, C1, pp. 711-712.

é tanto o fruto de uma construção intelectual[283] quanto o de uma abertura do coração à força transformadora da verdade[284], que opera por meio de acontecimentos concretos[285], para ser finalmente reconhecida na pessoa de Jesus Cristo[286]. Essa adesão de fé à verdade revelada abre a pessoa humana para uma concepção coerente do mundo e da existência[287] e lhe transmite uma confiança renovada na vida.

4. Jesus Cristo: finalidade da educação

É precisamente na perspectiva da vida de fé que convém situar "a formação religiosa"[288] que Edith Stein considera como "a parte mais importante da educação" e cuja finalidade é abrir "para a criança o caminho que conduz a Deus". O que ela chama de formação religiosa consiste essencialmente em cultivar uma *fé viva* que conhece, ama e serve a Deus. Essa fé despertada não por um "ensino intelectual árido"[289] nem por um ensino fanático, mas por uma "instrução religiosa [...] que acende o amor".

---

[283] Ver Carta a Roman Ingarden, 8 de novembro de 1927, C1, p. 358-359.

[284] "Não só o Catolicismo não é apenas uma 'religião do sentimento', como se trata realmente aqui, sobretudo, da questão da verdade e, portanto, de um assunto vital, de um assunto do coração" – Carta a Roman Ingarden, 13 de dezembro de 1925, C1, p. 315.

[285] Cf. *Vie d'une famille juive*, pp. 516-517.

[286] "Só aprendi a amar a vida quando soube para que eu vivo" – Carta a Roman Ingarden, 19 de junho de 1924, C1, p. 288.

[287] "O católico é privilegiado, pois a doutrina da fé lhe fornece uma visão coerente do mundo. Mas essa herança deve, ela também, ser adquirida; é preciso apropriar-se pessoalmente dela" – *La signification de la phénoménologie*, p. 1.

[288] *Les fondements de l'éducation féminine*, F, p. 102.

[289] *Ibidem*, p. 103.

A fé abre o ser humano à "Pessoa do Criador, que contém em Si e transcende todos os valores imagináveis, sendo deles o arquétipo"[290]. Mas, justamente o reconhecimento dessa *Pessoa* como *Amor* e de seu *valor absoluto* excede os limites de uma aproximação estritamente racional. Mais ainda, para chegar a esse ponto alto, não basta referir-se simplesmente à criação *ex nihilo* (a partir do nada) interpretada como um ato de amor, nem mesmo à analogia trinitária entre o ser criado finito em sua semelhança com o Ser eterno não criado e criador[291]. Nem mesmo somente à presença interior de Deus na alma, presença de imensidão do Ser eterno "que é o suporte e o fundamento de meu ser, que não possui em si nem suporte nem fundamento"[292].

Sem recusar nenhuma dessas abordagens, é no *Verbo feito carne* que Édith Stein reconhece, em última instância, o único "em quem o amor divino encarnou-se plenamente"[293].

A fé constitui a pedra angular de uma abertura à própria Verdade, acolhida como mistério[294] e plenamente

---

[290] *La valeur spécifique de la femme et son importance pour la vie du peuple*, F, pp. 44-45.

[291] Ver *L'être fini et l'Être éternel*, pp. 355-464, onde Edith Stein apela particularmente para a contribuição agostiniana (sobretudo com a obra *A Trindade*).

[292] *Ibidem*, p. 64.

[293] *De la personne*, p. 48. Edith Stein chama a atenção, no entanto, para o fato de essa presença ficar em parte escondida em sua própria manifestação: "divindade e humanidade são misteriosamente manifestadas, sem deixar de continuar veladas" – *Les voies de la connaissance de Dieu*, p. 71, nota 58.

[294] "A fé católica só existe pelos *mistérios*; e a ideia de mistério implica o fato de que o conhecimento natural não tem condições de aceder a ele. Essa inacessibilidade não significa incompreensibilidade. A verdade revelada é realmente uma *verdade*; e uma verdade *desvelada* para nós. É, por consequência, um *conhecimento* que adquirimos

reconhecida na pessoa de Jesus Cristo "(que) é a revelação 'corporal' de Deus. Só podemos reconhecer que é assim se nele reconhecemos a divindade, quer dizer, se cremos Nele"[295]. Apenas a fé dá acesso "ao Deus pessoal e próximo"[296] que coincide com a plenitude do Sentido. Pela fé, o ser humano encontra em Cristo "o fundamento religioso de toda a vida"[297]: a unidade de uma visão coerente do mundo (dimensão *metafísica*), do ser humano e de sua existência (dimensão *antropológica*), de um como viver (dimensão *ética*) e de um por que viver (dimensão *soteriológica*).

Educar supõe "conhecer a verdadeira natureza humana, quer dizer, sua imagem ideal"[298], em que um olhar simplesmente natural não pode penetrar inteiramente. Exatamente por essa razão é legítimo abrir-se para o domínio da Revelação.

> Se a pedagogia renuncia a nutrir-se da Revelação, ela arrisca perder as coisas mais essenciais que podemos saber em relação ao ser humano, sobre sua finalidade e sobre o caminho que a ela conduz. Ela se distancia, então, por quando, internamente, tornamos nossa uma verdade de fé. Dizer que há inacessibilidade para o conhecimento natural significa que, para atingir o conhecimento do mistério, uma luz sobrenatural é indispensável" – *De la personne humaine* I, p. 271.

[295] *De la personne*, p. 80.
[296] "O pensamento lógico formula conceitos nítidos, mas eles tambémnão podem apreender o Inapreensível; mais ainda, eles O distanciam de nós, levando-O para o domínio dos conceitos. Porém, o caminho da fé nos conduz mais longe do que o do conhecimento filosófico; o caminho da fé nos conduz ao Deus pessoal e próximo, amante e misericordioso, e nos dá uma certeza que não se encontra em lugar nenhum no conhecimento natural" – *L'Être fini et l'Être éternel*, p. 66.
[297] Carta a Roman Ingarden, 5 de fevereiro de 1924, C1, p. 285.
[298] *La valeur spécifique de la femme et son importance pour la vie du peuple*, F, p. 48.

princípio, da possibilidade de determinar corretamente seu objeto (a educação do ser humano).[299]

A abertura à verdade revelada faz encontrar a "imagem concreta da natureza humana em sua completude"[300], tal como "ela se manifestou entre nós no Filho do Homem, Jesus Cristo". Com isso, é "sob uma forma (*Gestalt*) visível que temos sob os olhos esse fim educativo na pessoa de Cristo. O objetivo de nós todos é nos transformarmos à sua imagem. Deixar-nos moldar por Ele mesmo com essa finalidade, tecendo, como membros, laços de íntima união com Ele, que é a Cabeça. Eis o caminho que cada um de nós deve seguir"[301].

Em consequência, o "aperfeiçoamento da natureza humana"[302], pretendido pela educação, ordena-se pela pessoa de Cristo, em quem se encontra "plenamente realizada [...] a essência específica da humanidade"[303].

5. A incorporação a Cristo

"Deus tornou-se homem para que novamente nós pudéssemos participar de sua vida. Nisso consiste a causa e o fim de sua vinda no mundo"[304]. Pela mediação de Cristo, a graça

---

[299] *De la personne humaine* I, p. 271-272.

[300] *La valeur spécifique de la femme et son importance pour la vie du peuple,* F, p. 48.

[301] *Les fondements de l'éducation féminine*, F, p. 108. Ainda: "Em Cristo nós temos sob os olhos, de maneira concreta, viva e pessoal, a finalidade de toda educação humana" – *Les problèmes posés par l'éducation moderne des jeunes filles*, F, p. 334.

[302] *Les problèmes posés par l'éducation moderne des jeunes filles*, F, p. 330.

[303] *Ibidem*, p. 518.

[304] *La Crèche et la Croix*, p. 44. "A fé nos ensina que Deus quer oferecer-lhe a Vida eterna, isto é, a participação eterna em sua própria vida" – *L'être fini et l'Être éternel*, p. 499.

é devolvida ao ser humano e ela o recoloca na participação da vida divina, da qual o pecado o havia privado. Essa obra da graça se concretiza, de maneira eminente, na incorporação efetiva à pessoa de Cristo realizada pelo batismo.

> Toda alma purificada e elevada ao estado de graça pelo batismo é, por isso mesmo, gerada por Cristo e nascida para Cristo.[305]

O dom da graça santificante recebido no batismo realiza "uma espécie de 'ser um no outro'"[306]; a pessoa batizada compartilha a vida mesma de Cristo, do seu sopro íntimo, o Espírito Santo, "esse Espírito que, pela graça, é derramado em nossos corações. Desse modo, a alma vive sua vida de graça pelo Santo Espírito. É nele que ela ama o Pai com o amor do Filho e Este com o amor do Pai"[307].

---

[305] *La mission de la femme en tant que guide de la jeunesse sur le chemin de l'Église,* F, p. 391. "Pela queda do primeiro ser humano, esta (a natureza humana) perdeu sua dignidade, sua perfeição original e a elevação que ela devia à graça. Essa elevação é restituída a cada alma que renasce para a vida de filha de Deus pelo batismo" – *La science de la Croix,* pp. 287-288. A propósito dos sacramentos, Edith Stein assinala: "Isso não significa que eles sejam indispensáveis para a salvação. A graça *pode* utilizá-los, mas não é obrigada a isso. Em princípio, ela pode atingir sua finalidade pelo único caminho que chamamos de via interior. Pertence a Deus, e não ao homem, a escolha entre esses dois caminhos. A graça pode lhe ser dada pelo caminho da iluminação interior; porém, insistir nesse caminho recusando o outro seria manifestar um orgulho condenável" – *De la personne,* pp. 68-69.

[306] *La science de la Croix,* p. 188. Edith Stein distingue diferentes modos de habitação divina na alma: "Pelo primeiro, Deus habita realmente todas as coisas criadas e Ele as sustenta no ser. Pelo segundo, é preciso compreender Seu habitar no íntimo da alma pela graça. Pelo terceiro, a união transformadora e divinizante que realiza o amor perfeito" – *Ibidem,* p. 186.

[307] *Ibidem,* p. 189. "A vida divina que se expande na alma que ama Deus não pode ser diferente da vida trinitária da divindade. A alma se doa

Abre-se então para o novo ser humano, incorporado ao Cristo como membro vivo de seu corpo que é a Igreja, a aventura de uma livre participação à própria vida de Cristo, de uma comunhão na força de sua ressurreição.

Edith Stein contempla em Cristo a verdade do Amor cuja liberdade soberana exerce-se como *dom de si*. Participar desse Amor é responder a ele *livremente* pelo dom de nós mesmos, sabendo que o "amor é o que há de mais livre"[308].

> O que mais se aproxima do amor puro que é Deus é o dom de si das pessoas finitas a Deus [...]: aquele que se doa a ele alcança na união amorosa com ele a perfeição existencial suprema, esse amor que é simultaneamente conhecimento, dom do coração e ato livre. [...] O dom de si a Deus é ao mesmo tempo dom ao Si próprio de Deus, que é amado, e à criação inteira.[309]

Essa dinâmica do dom de si recíproca, fonte de uma transformação progressiva da pessoa humana sob a ação da graça divina, não é outra coisa que um processo de santificação.

6. A educação como caminho de santificação

Transcendendo "os limites daquilo que se entende habitualmente por 'educação'"[310], Edith Stein acaba identificando-a a uma obra de *santificação*. Com isso ela quer dizer

---

ao ser trinitário. Ela se entrega à vontade paterna de Deus que, por assim dizer, gera novamente nela seu Filho. Ela se une ao Filho e gostaria de perder-se nele, a fim de que o Pai não veja nela nada mais do que seu Filho. Sua vida se une ao Espírito Santo, ela se transforma em *transbordamento de amor divino*" – L'être fini et l'Être éternel, p. 454.

[308] *Ibidem,* p. 441.

[309] *Ibidem*, p. 453.

[310] *L'art d'éduquer – Regard sur Thérèse d'Avila*, p. 87.

que a realização do gesto educativo como *arte de dar forma à própria vida* é inseparável da procura pela perfeição existencial suprema, compreendida como uma resposta do ser humano ao Amor divino revelado em Cristo. Essa resposta de amor sob a forma do livre dom de si a Deus só é possível evidentemente para uma pessoa espiritual cuja interioridade a torne "capaz de acolher em si o espírito de Deus[311]".

A educação compreendida como obra de santificação – isto é, de recriação pela graça – só pode operar a partir do cerne mais íntimo da pessoa. "A santidade é a forma de um ato da alma oriundo de seu cerne mais íntimo, como de um fundo sem fundo. [...] Essa obra de santificação [...] traduz-se finalmente por uma recriação da alma, da qual somente Deus pode ser o autor"[312].

Para avaliar a importância da interioridade humana, compreender a maneira pela qual o gesto educativo deve penetrar até ela[313] e em qual sentido ele constitui um processo de santificação, convém debruçar-se sobre a vida de oração.

A oração constitui a via de acesso privilegiada para a interioridade[314], na medida em que ela reconduz a pessoa em direção a seu cerne mais íntimo. Ora, esse "fundo íntimo da alma é como o coração e a fonte de sua vida pessoal[315], o lugar

---

[311] *L'être fini et l'Être éternel*, p. 498.

[312] *L'art d'éduquer – Regard sur Thérèse d'Avila*, pp. 87-88.

[313] "A educação alcança a própria alma, a sua substância, para dar-lhe uma nova forma e com isso recriar o ser humano em sua totalidade" – *Ibidem*, p. 48.

[314] "O caminho da oração não seria afinal o único acesso para entrar no interior da alma?" – *Le château de l'âme*, p. 290. "No final das contas, somos fatalmente reconduzidos à seguinte questão: a oração não é, portanto, a única e exclusiva via de acesso à interioridade?" – *L'être fini et l'Être éternel*, p. 503, nota 59.

[315] *La science de la Croix*, p. 200. Esse "fundo é a morada de Deus e o lugar onde se realiza sua união com Ele" – *Ibidem*, pp. 175-176.

onde se experimenta o caráter transformador da vida divina. A dinâmica da oração, cujas etapas Edith Stein investiga à luz da doutrina dos mestres do Carmelo[316], é essencialmente uma participação interior na vida de Cristo[317], uma subida em direção ao "amor puro"[318].

Nossa autora presta atenção primeiramente na purificação realizada pela via teologal em que a pessoa atinge, por sua própria atividade sustentada pela graça, um certo modo de contemplação e de união a Deus. Ela examina em seguida outro modo de participação íntima na vida divina, no caso, "a união mística, que não está em nosso poder, mas é um livre dom de Deus"[319], com a contemplação infusa que a acompanha[320]. Essa união nada mais é do que uma "realização provisória, uma amostra passageira daquilo que nos é prometido como contemplação de Deus na glória eterna"[321]. Porque ela representa para Edith Stein o máximo da união acessível ao ser humano aqui na Terra, a experiência mística da presença divina[322] é o ponto culminante

---

[316] Cf. *Amour pour Amour. Vie et oeuvre de Sainte Thérèse de Jésus*, SC, pp. 118-121.

[317] "Toda verdadeira oração é fruto da união com Cristo, assim como um aprofundamento dessa união; [...] cada pessoa em oração [é] um membro de seu Corpo místico [...]. *La prière de l'Église est la prière du Christ toujours vivant*" – *La prière de l'Église*, SC, p. 54.

[318] Carta a Agnella Stadtmüller, 30 de março de 1940, C2, pp. 542-543.

[319] *Le château de l'âme*, p. 295. Ver Carta a Callista Kopf, 20 de outubro de 1938, C2, pp. 414-415.

[320] A respeito da *contemplação infusa*, e para distingui-la da *fé*, Edith Stein escreve que ela "é um *assunto* do coração, isto é, do fundo mais íntimo da alma" – *La science de La Croix*, pp. 206-207.

[321] *Les voies de la connaissance de Dieu*, p. 63, nota 50.

[322] "A mística é a confirmação experiencial daquilo que a fé ensina: a presença de Deus na alma" – *L'être fini et l'Être éternel*, p. 439. Edith Stein fala dela como sendo o toquer de Deus. Cf. *Les voies de la connaissance de Dieu*, pp. 53-54 e 56-57.

para onde "conduzem os diferentes graus do conhecimento de Deus"[323]. A experiência dos místicos faz incandescer a transformação radical da alma sob a ação do Espírito Santo e é precisamente nessa medida que ela ilumina de maneira insubstituível o sentido da interioridade humana como habitáculo da vida divina e fonte da transfiguração da pessoa[324]. A força transformadora de tal experiência atesta que quanto mais "a vida de um ser humano se concentra nessa interioridade mais profunda de sua alma, mais potente é esse brilho que dele emana e atrai outros seres humanos para sua trilha"[325].

7. Educar para a liberdade

Falar da educação como santificação significa referir-se à *ação formadora da graça* que opera no ser humano uma obra de libertação. Esta se traduz pela superação de uma atitude que poderíamos chamar de natural-primária, em que o indivíduo apenas reage às impressões provenientes do mundo exterior. Tal "engrenagem das atitudes naturais"[326] não é livre, pois a ação não resulta das camadas mais profundas da pessoa. Esse nível corresponde mais ao

---

[323] Trata-se de "um encontro pessoal com Deus. Aí, nessa experiência, em que não participam nem imagem, nem palavra, nem conceito – sem mediação de mais nada que possa ter nome –, aí está a 'revelação misteriosa' no sentido próprio, a teologia mística em que Deus se revela no silêncio. É a esse ponto alto que nos levam os diferentes graus do conhecimento de Deus" – *Les voies de la connaissance de Dieu*, pp. 73-74.

[324] Para Edith Stein, são os místicos que melhor "penetraram nas profundezas da alma" – *Le château de l'âme*, p. 293.

[325] *L'être fini et l'Être éternel*, p. 437.

[326] *De la personne*, p. 21.

"estágio animal da vida psíquica" em que o sujeito "não se domina totalmente"[327].

O ser humano é chamado a ultrapassar esse estágio primário, já que, ao contrário do animal, uma pessoa é capaz de "ver além de sua esfera natural"[328]. Ela pode elevar-se a uma conduta racional guiada por "princípios seguros"[329].

Entretanto, Edith Stein chama atenção para o fato de que a vida guiada pelo conhecimento racional, por mais eminente que possa ser, permanece sempre sujeita ao erro, tendo em conta os limites inerentes à natureza humana. O exercício de uma liberdade *mais plena* exige um conhecimento do sentido último da realidade, que é o único a permitir o acesso a "uma imagem coerente, uma concepção global do mundo: um olhar sobre tudo o que é, sobre a ordem e as conexões nas quais tudo se sustenta, antes de tudo sobre a situação do ser humano no mundo, sobre sua origem e seu fim. Todo ser humano que pensa sente a necessidade de tal concepção do mundo; mas nem todos chegam a ela; e raros são aqueles que se esforçam para isso"[330]. Ora, na ausência de um suporte absolutamente confiável na ordem natural, é unicamente a abertura ao reino da graça que revela o sentido último da existência humana e lhe permite ordenar-se nela livremente. "O sujeito destinado a passar do reino da natureza para o reino da graça deve realizar essa passagem livremente; nada pode acontecer ou ser feito

---

[327] "O sujeito psíquico é levado a esse estágio a partir do exterior e ele não se domina. Ora, tanto uma quanto a outra capacidade – dominar-se e regular seus próprios movimentos – conferem à atividade e à liberdade uma marca característica" – *Ibidem*.

[328] *Ibidem*, p. 31.

[329] *Ibidem*, p. 26.

[330] *La signification de la phénoménologie*, p. 1.

sem sua participação. Entre o reino da natureza e aquele da graça situa-se o reino da liberdade"[331].

Realizar essa passagem é aceder a uma vida liberta em que "a vida da alma [...] não é comandada do exterior, mas [...] *conduzida de cima*. O *de cima* é ao mesmo tempo *do interior*. Porque ser elevado ao reino do Alto significa para a alma que ela é totalmente implantada em si. E inversamente: ela não pode ser solidamente estabelecida em si se não for elevada para cima de si – precisamente ao reino do Alto. Reconduzida dessa forma em si própria e ancorada no Alto, ela é *pacificada*; liberada das impressões do mundo, ela não é mais entregue a ele sem defesa. É isso que chamamos de *liberdade*[332].

A junção do *no Alto* e do *interior* realiza-se em Deus, já que "a interioridade mais profunda da alma [é] como a morada de Deus"[333], de modo que o "que se eleva em direção a Deus desce, pois, pelo mesmo fato, em direção a seu próprio centro de gravidade"[334]. Reencontrar seu próprio cerne é, no fim das contas, abrir-se à Vida divina. A partir desse cerne pessoal, o sujeito não está mais determinado pelas camadas periféricas de seu ser, não é mais o joguete das turbulências da superfície, nem mesmo da força do hábito. "A partir desse cerne, a alma orienta sua escuta para cima, recebe as mensagens de cima, e, *dócil*, se deixa conduzir por elas"[335].

Educar para a liberdade é então impossível sem a força formadora da graça. O ser humano, entregue a si mesmo, não alcança a liberdade plena à qual, no entanto, ele aspira.

---

[331] *De la personne*, p. 23.

[332] *Ibidem*, p. 22

[333] *L'être fini et l'Être éternel*, p. 498.

[334] *La science de la Croix*, p. 171.

[335] *De la personne*, p. 22.

Essa impotência, que Edith Stein experimentou de maneira tão penosa[336], tem pelo menos a vantagem de nos libertar "da confiança ingênua e ilimitada que se tem na sua própria vontade e no seu poder"[337]. Avaliando com precisão suas próprias capacidades, o indivíduo deixa de ser tentado a supervalorizá-las.

A liberdade autêntica, onde todas as forças vivas da pessoa são mobilizadas, concilia a consciência aguda de seus próprios limites e "a possibilidade de ser um instrumento apesar dessa insuficiência"[338]. Isso significa que a atividade humana atinge seu auge quando ela se articula, do interior, à sua própria fonte: a força de Deus. Ao falar em *atividade passiva*[339], Edith Stein quer dizer que a máxima liberdade é exercida como docilidade ao Agir de Deus, uma vez estando claro que a "liberdade humana não pode ser perturbada nem eliminada pela liberdade divina"[340]. O ser humano é tanto mais livre quanto mais se vincula, a partir de seu cerne, a uma Vida que o liberta. No momento em que a pessoa encontra esse cerne e se ancora nele, ela "experimenta sua força concentrada nesse ponto antes da divisão em forças separadas"[341].

8. A configuração a Cristo

Quanto mais a pessoa se expande sob a ação da graça divina, mais ela se humaniza, aperfeiçoando-se na configuração

---

[336] Por exemplo, na ocasião de seu trabalho de doutorado. Cf. *Vie d'une famille juive*, p. 362.
[337] Carta a Roman Ingarden, 12 de fevereiro de 1918, C1, p. 117.
[338] Carta a Petra Brüning, 12 de fevereiro de 1933, C1, p. 664.
[339] *De la personne*, p. 22.
[340] *Ibidem*, p. 44.
[341] *L'être fini et l'Être éternel*, p. 434.

à pessoa de Cristo, que é "o arquétipo e a cabeça da Humanidade, a forma final à qual se ordena todo ser humano e que dá a ele seu sentido"[342]. Com efeito, mais "um ser criado se aproxima do arquétipo divino de todo ente, mais ele é perfeito"[343].

Em conformidade com uma ampla tradição espiritual, Edith Stein considera que o indício mais seguro dessa configuração do ser humano a Cristo é a união da vontade humana e da vontade divina, ápice da liberdade. Nessas condições, "não é lícito à vontade da criatura ser livre sendo seu próprio mestre: ela é chamada a concordar com a vontade divina. Se concorda com ela por sua livre adesão, é-lhe oferecido participar livremente do aperfeiçoamento final da criação. Se ela se recusa, a criatura livre perde também sua liberdade"[344].

Essa união da vontade humana com a vontade divina não é nada além do abandono. Tal "abandono é o ato mais livre da liberdade"[345], na medida em que ele manifesta a livre decisão da fé. Esse abandono representa "a medida da nossa santidade"[346] porque expressa a mais aguda realização

---

[342] *Ibidem*, p. 513.

[343] "Um ente é perfeito quando ele é absolutamente o que deve ser, quando nada lhe falta e quando ele atingiu seu grau supremo existencial. Essa perfeição significa uma conformidade do ente à ideia divina que constitui seu arquétipo (quer dizer, a verdade de sua essência). [...] Mais um ser criado se aproxima do arquétipo divino de todo ente, mais ele é perfeito" – *Ibidem*, pp. 325-326.

[344] *Exaltation de la Croix*, SC, p. 278.

[345] *De la personne*, p. 40.

[346] "O abandono de nossa vontade é o que Deus requer de nós e o que nós podemos cumprir. É a medida de nossa santidade" – *Le château de l'âme*, p. 295. Trata-se do "mais alto grau da vida da graça que nós podemos atingir por nossa fiel cooperação com ela" – *La science de la Croix*, p. 193.

da vida filial cujo Filho único entregue nas mãos do Pai é a manifestação perfeita (Jo 4, 34). O abandono, ao configurar o ser humano a Cristo, o faz viver de sua vida mesma: O Espírito Santo que é "a *plenitude da vida* divina"[347]. E, no momento em que "a vida divina se torna *sua própria* vida interior"[348], o ser humano, para quem Cristo tornou-se a Lei verdadeira[349] e a força formadora interior, vive verdadeiramente como filho de Deus. Essa é a perfeição existencial suprema da pessoa humana pela qual se orienta o gesto educativo segundo Edith Stein.

> O estado de filhos de Deus, com sua realização suprema na glória, nos é *determinado* como fim pela ordem da Criação e pela ordem da Redenção; tanto num caso como no outro, depende de nossa livre cooperação. É por isso que o trabalho educativo deve abranger igualmente esse fim sobrenatural.[350]

9. Uma educação eucarística

Se o abandono a Deus é a medida de nossa santidade, é preciso ainda lembrar constantemente que a perfeição desse abandono é aquela de Cristo sobre a Cruz, manifestação suprema da essência do amor trinitário que é dom de si[351].

---

[347] "Só quem pode dar vida é aquele que não recebe ele próprio a vida, mas que é *a vida em pessoa*. Podemos também ver no Espírito Santo a *plenitude da vida* divina" – *L'être fini et l'Être éternel*, p. 415.

[348] *Ibidem*, p. 443.

[349] "Nós entendemos pela Lei da nova Aliança o próprio Senhor" – *L'histoire et l'esprit du Carmel*, SC, p. 221.

[350] *Les problèmes posés par l'éducation moderne des jeunes filles*, F, p. 330.

[351] O "amor, em sua maior perfeição, só é realizado em Deus: no amor recíproco das pessoas divinas, no ser divino doando-se a si próprio. O amor é o ser de Deus, a vida de Deus, a essência de Deus. Ele

Esse mistério da Páscoa redentora de Cristo se perpetua na Eucaristia[352].

A participação no mistério eucarístico coloca a pessoa humana em estado de oferta de si, na única oferenda pascal do Filho entre as mãos do Pai. Nesse sentido, o "que podemos e devemos fazer é abrir-nos para a graça, o que quer dizer o seguinte: *despojar-nos totalmente de nossa própria vontade [...], recolocar nossa alma inteira, disposta a acolher e a ser moldada, entre as mãos de Deus*"[353].

A configuração do ser humano a Cristo está intimamente ligada à entrada plena no *Gesto Eucarístico* que é seu foco incandescente. É por isso que é "essencial que a Santa Eucaristia esteja no coração de nossa vida, que o Salvador eucarístico seja o centro de nossa vida"[354]. Pelos sacramentos —sobretudo do "*sacramento de Amor*"[355] — a pessoa humana tem "acesso a toda a plenitude do mundo espiritual sobrenatural e, portanto, a uma profusão inesgotável de elementos formadores que podem entrar nela, constituí-la e transformá-la"[356].

Edith Stein não hesita em falar de *Educação eucarística*, considerando que "o acontecimento eucarístico é o ato pedagógico mais essencial"[357].

---

corresponde a cada uma das Pessoas divinas e à sua unidade" – *L'être fini et l'Être éternel*, p. 449. "O amor, em sua mais perfeita realização, [...] é a vida íntima de Deus, a vida da Trindade" – *La science de la Croix*, p. 186.

[352] "Cristo renova seu sacrifício da cruz no santo sacrifício eucarístico" – *De la personne humaine* I, p. 272.

[353] *Les fondements de l'éducation féminine*, F, pp. 109-110.

[354] *Vie chrétienne de la femme*, F, p. 222. Ver Carta a Elly Dursy, 7 de maio de 1933, C1, pp. 686-687.

[355] *L'ethos des professions féminines*, F, p. 84.

[356] *Les fondements de l'éducation féminine*, F, p. 103.

[357] *De la personne humaine* I, p. 273.

A Eucaristia reassume todo ser criado, associando-o à obra da salvação[358], pois "não apenas o ser humano mas todo o cosmos está implicado nos mistérios da queda e da redenção"[359]. A Eucaristia é então, por excelência, o sacramento da *aliança*, da "cooperação de Deus com o ser humano, cujo fruto é a aquisição da vida eterna. [...] Além disso, tem uma importância pedagógica, no sentido de que coloca o educador diante da tarefa que consiste em conduzir o ser que lhe é confiado de modo a tornar-se capaz e desejoso de cooperar com esse ato que é divino e humano ao mesmo tempo"[360].

O convite steiniano a "fundir-se"[361] no mistério eucarístico corresponde a uma entrada plena na "oração de Jesus grande sacerdote"[362], segundo a puríssima linha melódica do grande movimento trinitário de oferenda e de ação de graças do Filho único, Verbo encarnado, que abraça, consagra e oferece perpetuamente em Si todas as coisas ao Pai pelo poder do Espírito Santo. Uma educação eucarística é

---

[358] "Assim, o sacrifício eternamente atual do Cristo, sobre a cruz, ao longo da santa missa e na glória eterna do céu, pode ser compreendido como uma única e imensa ação de graças pela criação, pela redenção e pelo destino final. Ele se oferece em nome do Universo inteiro criado, do qual ele é o modelo original e ao qual ele desceu para renová-lo do interior e conduzi-lo a seu acabamento. Mas ele convoca também todo o mundo criado para prestar com ele, ao Criador, a homenagem de ação de graças que Lhe é devida" – *La prière de l'Église*, SC, p. 57.

[359] Carta a Jacques Maritain, 16 de abril de 1936, C2, p. 254.

[360] *De la personne humaine* I, p. 273 (ver pp. 276-277).

[361] "O Santo Sacrifício renova em nós o mistério central de nossa fé, o eixo da história do mundo: o mistério da Encarnação e da Redenção. Quem poderia assistir ao Santo Sacramento da Missa, com o coração e o espírito abertos, sem ser tomado pelo espírito de sacrifício e pelo desejo de incorporar-se, ele e sua pobre vida pessoal, na grande obra do Redentor ?" – *La Crèche et la Croix*, p. 51.

[362] *La prière de l'Église*, p. 65.

aquela que interioriza esse Gesto do Amor, se deixa abraçar por seu movimento, até ser por ele completamente moldada.

O Gesto Eucarístico, cerne da ordem sacramental, assume as espécies visíveis do pão e do vinho e as transubstancia no Corpo e no Sangue de Cristo, oferecidos ao Pai no gesto da elevação. Ele ilumina e recapitula o movimento inerente ao gesto educativo que vai do *exterior* (o corpo) em direção ao mais *interior* (o cerne da alma), e do mais interior em direção ao *superior realmente manifestado na* carne (a Vida divina atestada na existência humana do santo[363]).

No Gesto Eucarístico resplandecem sacramentalmente o sentido último da pessoa humana e a realização de sua *vocação epifânica*, na medida em que toda a densidade da presença carnal do ser humano no mundo é *assumida* no Gesto Eucarístico, *transformada* do interior e *elevada* na epifania luminosa da própria Vida divina. Tal gesto realiza o que é legítimo denominar como a nupcialidade da encarnação, já que todas as fibras de nossa humanidade são desposadas e transfiguradas pelo "leve sopro do Espírito Santo"[364]; a Vida mesma do Cristo brilha na travessia opaca de uma existência humana que, por graça, é dela o habitáculo.

E como o ato educativo é consagrado a essa epifania da Vida divina, ele merece ser considerado como uma participação no ofício sacerdotal de Cristo, que se prolonga misticamente na existência do batizado[365].

---

[363] "O ser da pessoa realiza-se na sua relação com Deus. É por isso que o tipo mais elevado da pessoa humana é aquele que participa no valor de qualidade especificamente divina: é o santo" – *La signification de la phénoménologie*, p. 4.

[364] *Qui es-tu douce lumière ?*, in *Malgré la nuit*, p. 125.

[365] É esse movimento do Filho perpetuamente dirigido ao Pai que esclarece o sentido da presença de Deus no ser humano: "A oração de Jesus, sumo sacerdote, manifesta o mistério da *vida interior*: a presença

A arte de educar, como participação e extensão do Gesto Eucarístico, equivale a uma autêntica "revelação, [...] um ofício santo"[366], e adquire assim um significado eminentemente litúrgico, na medida em que a liturgia se funda precisamente sobre a refeição solene da Páscoa, quando os *gestos* de Cristo inauguram a vida da Igreja[367]. A liturgia é essa eminente epifania de Deus em que a criação, restituída de sua santa vocação, é restaurada em sua pura beleza, para além da desfiguração do pecado.

À luz do mistério da encarnação e da presença eucarística que é sua perpetuação sacramental, Edith Stein contempla no "rosto resplandecente de Maria"[368] e, em seguida, no rosto dos *santos*, a epifania dessa "humanidade realizada, expressão pura da natureza liberada e transfigurada pela força da graça"[369], que é a finalidade da educação. O santo representa o tipo mesmo do ser-pessoa como indivíduo cujo eu se constituiu como sujeito consciente e livre, não apenas porque ele se reconhece como um eu criado aberto ao Eu divino, mas sobretudo na medida em que ele se deixa mergulhar e remodelar na morte e na ressurreição de Cristo.

---

mútua das pessoas divinas e o habitar de Deus no íntimo da alma" – *La prière de l'Église*, p. 65.

[366] "Toda verdadeira arte é uma revelação, todo trabalho artístico é um ofício santo" – *La science de la Croix*, SC, p. 7.

[367] Cf. *La prière de l'Église*, SC, pp. 55-57.

[368] *Épouse de l'Ésprit Saint*, in *Malgré la nuit*, p. 129. Como Maria é "a primeira a imitar Cristo e [...] a primeira e mais perfeita cópia de Cristo [...], cabe [...] a todos os cristãos imitar Maria" – *Les problèmes posés par l'éducation moderne des jeunes filles*, F, p. 337. "Cristo e Maria são [...] os verdadeiros arquétipos da humanidade unida a Deus" – *L'être fini et l'Être éternel*, p. 513.

[369] *De l'art de donner forme à sa vie*, SC, p. 98.

10. "A nota pura emitida por toda criatura"

Apesar de compreender o pleno desenvolvimento da pessoa sob o modo de uma configuração ao Cristo ressuscitado, Edith Stein não prega nenhuma uniformização. Com efeito, a importância atribuída por nossa autora à individualidade irredutível da pessoa humana nunca é alterada.

Como já mencionamos, se o abandono autêntico expressa a santidade do ser humano unido a Deus e configurado a Cristo, "aquele que, assim, abandona-se à graça sem mais se preocupar consigo – com sua liberdade e com sua individualidade –, penetra nela, sendo absolutamente livre e perfeitamente ele próprio"[370]. Essa individualidade pessoal é sempre mantida, até no ponto máximo da união de amor com Deus, onde as "duas pessoas formam um todo sem perder nada de sua individualidade, sendo esta pressuposta"[371].

Enquanto Homem total, Cristo assume e leva à perfeição existencial ao mesmo tempo a natureza humana geral, com suas características constitutivas, a especificidade masculina e feminina e a individualidade inegociável. Se já é verdade que no plano natural a "natureza humana geral e a individualidade não são justapostas"[372], mas sim estreitamente ligadas, por causa do pecado é apenas em Cristo que essas dimensões se conciliam em uma harmonia sem falhas, ao ponto de Nele contemplarmos a beleza de nossa humanidade reconciliada.

---

[370] *De la personne*, p. 40.
[371] *La science de la Croix*, p. 203. Cf. *L'être fini et l'Être éternel*, p. 455.
[372] "A natureza humana geral e a individualidade não são justapostas como componentes dissociados do indivíduo, mas cada indivíduo revela a natureza humana com uma marca individual" – *La destination de la femme*, p. 119.

Em consequência, não há nenhuma contradição em afirmar, de um lado, que a obra da educação deve permanecer eminentemente respeitosa em relação à individualidade inegociável do ser humano e, de outro lado, que é na sua união com Cristo, "arquétipo de toda individualidade[373]", e sob a impulsão criadora da força formadora de sua Vida, que cada pessoa realiza plenamente seu ser.

> Em razão da queda, a natureza masculina e a natureza feminina foram degeneradas. Elas podem ser liberadas de suas escórias no cadinho do Criador divino. Qualquer um que se entregue incondicionalmente a essa modelação não somente vê a natureza restabelecida nele próprio em sua pureza, mas a transcende para tornar-se um *alter Christus*, "outro Cristo", em quem as fronteiras são abolidas e em quem se unem os valores positivos tanto da natureza masculina como da natureza feminina.[374]

Desenvolver a consciência íntima de sua "nota pura"[375] supõe um aprofundamento do conhecimento de si, solidário de uma ancoragem do eu na interioridade mais profunda da alma[376]. Com efeito, apenas a escuta profunda da consciência permite a um ser acolher e concordar com esse nome único que lhe foi dado por Deus, em que ninguém pode penetrar completamente e que só será plenamente conhecido na eternidade.

---

[373] *La valeur spécifique de la femme et son importance pour la vie du peuple*, F, p. 49.

[374] *Les fondements de l'éducation féminine*, F, p. 109. Em Cristo, "as qualidades da natureza masculina se associam àquelas da natureza feminina, [de modo que] aqueles que O imitam fielmente transcenderão igualmente cada vez mais os limites impostos pela natureza" – *Vocation de l'homme et de la femme selon l'ordre de la nature et de la grâce*, F, p. 166.

[375] *Qui es-tu douce lumière?*, in *Malgré la nuit*, p. 127.

[376] "Quando o eu vive nessa interioridade sobre o fundamento de seu ser, lá mesmo onde ele está e permanece completamente em casa, ele advinha em parte o sentido de seu ser" – *L'être fini et l'Être éternel*, p. 434.

> Toda alma individual saiu das mãos de Deus e contém uma marca particular. [...] O que a alma pode pressentir desse ser original nela própria e nos outros permanece obscuro e cheio de mistério; mais ainda, isso constitui para ela algo de inefável. Mas, quando a vida terrestre chega ao fim e que tudo o que era perecível se desliga, é quando cada alma humana se conhece *tal como é conhecida*, quer dizer tal como ela é diante de Deus: a saber, o que Deus lhe deu ao criá-la, o fim para o qual a criou de maneira inteiramente pessoal, e o que ela se tornou na ordem da natureza e da graça e que faz parte de sua essência em virtude de suas livres decisões.[377]

A marca particular que Edith Stein atribui ao cerne individual da pessoa e ao ser-à-imagem de Deus, não sendo nunca completamente revelada nem revelável, constitui, para cada um, um chamado para expandir livremente sua essência em toda a plenitude possível.

> O ser humano nunca chega a penetrar totalmente em seu fundo íntimo. Este é um segredo de Deus, que apenas Ele é capaz de descortinar na medida em que deseja. No entanto, esse fundo íntimo foi dado ao ser humano, plenamente e sem nenhuma restrição; o ser humano pode decidir sobre ele com toda a liberdade, mas também tem o dever de conservá-lo como um bem precioso que Deus lhe confiou.[378]

Edit Stein compreende essa *revelação* do cerne individual como um vir a ser *aquilo que somos essencialmente* e que

---

[377] *Ibidem*, pp. 499-500. "Ele que formou cada coração humano,/ quer um dia manifestar/ *o sentido secreto do ser de cada um/ por um novo nome* que só compreende aquele que o recebe" – *Le signe de la Croix*, in *Malgré la nuit*, p. 65.

[378] *La science de la Croix*, p. 179.

ela vincula ao voltar a ser uma criança. Trata-se, então, para cada um, de encaminhar-se em direção a seu supremo grau existencial, e isso até o último momento de sua vida terrestre, antes que sua nota própria se abra completamente na vida eterna, quando cada um "fará corresoar sua melodia particular na harmonia polifônica da comunidade dos santos"[379].

Recorrendo ao léxico musical, tão caro a Edith Stein, poderíamos dizer que o cerne da pessoa está para sua existência empírica assim como o *tema* está para a *variação* que o declina sem esgotá-lo. Nesse sentido, a aventura humana merece ser apreendida como uma interpretação, entendendo-se por interpretação o ato imprevisível de co-criação pelo qual cada pessoa abre-se indefinidamente ao mistério de seu tema interior, que deita suas raízes em Deus, para atualizar parcialmente a riqueza inesgotável desse tema na carne de sua existência única. Tal existência adquire, então, um valor de símbolo[380] porque é a evocação humana, sempre inacabada, de uma plenitude inesgotável[381].

---

[379] "A individualidade é dada por Deus assim como a natureza humana geral, e seu desabrochar em sua pureza é igualmente a destinação do ser humano. A individualidade tem também um sentido para o tempo e para a eternidade. Ela aponta para o ser humano não apenas seu lugar social na Terra, mas também sua posição na hierarquia celeste. Ela não é uma imperfeição terrestre que é preciso vencer, mas sim a especificidade planejada por Deus, que – revelada em sua pureza – faz co-ressoar sua melodia particular na harmonia polifônica da comunidade dos santos" – *La destination de la femme*, F, pp. 119-120.

[380] "Símbolo é aquilo que permite captar algo da plenitude infinita do sentido que fundamenta todo conhecimento e enunciar esse algo de modo que a plenitude infinita de sentido, inexaurível para o conhecimento humano, nele ressoe misteriosamente" – *La science de la Croix*, p. 7.

[381] Mantém-se, assim, a distância intransponível entre a criatura e o criador: somente "Deus é o *actus purus* (ato puro). O ser ilimitado é o ser puramente atual" – *L'être fini et l'Être éternel*, pp. 47-48.

Descobrir parcialmente, desde a vida presente, esse nome único, essa "pequena pepita de ouro"[382], depende daquilo que Edith Stein denomina *vocação* particular, isto é, aquilo para o quê cada indivíduo é chamado pessoalmente e que se descobre na escuta orante do coração[383]. Porque a "oração é um olhar para o Rosto do Eterno"[384] e é somente sob o olhar do eterno Olhar de Deus que cada um é devolvido a seu rosto de eternidade. Assim, é pelo enraizamento no cerne da alma que o ser humano pode assumir inteiramente sua existência, respondendo ao chamado que lhe é feito. Se "a oração é a atividade mais elevada de que o espírito humano é capaz"[385], é exatamente porque ela estabelece contato com Deus, que cria essa potência contemplativa do coração graças à qual se torna possível ler as coisas do interior.

> O ser humano é chamado a viver em seu fundo íntimo e, de lá, a tomar as rédeas da condução de sua vida; igualmente, é só a partir de lá que, no sentido pleno e etimológico da palavra, a verdadeira discussão com o mundo torna-se possível. É apenas a partir de lá que o ser humano pode descobrir o lugar que lhe é destinado no mundo.[386]

Edith Stein concebe a vocação como uma resposta a um chamado para inventar livremente, de maneira criativa, e,

---

[382] "Apenas Deus vê o interior do coração. Ele vê o que não está certo, mas vê também a menor pepita de ouro que frequentemente escapa aos olhos e que nunca está totalmente ausente. Crê nessa pepita em cada ser humano e esforça-te para adquirir um olhar perspicaz para descobri-la" – Carta a Elly Dursy, 1930, C1, p. 486.

[383] "No fundo de teu coração sabes bem teu caminho" – *Ibidem*.

[384] "A oração é um olhar para o Rosto do Eterno. Esse olhar só nos é possível quando o espírito é despertado até suas últimas profundezas" – *L'histoire et l'esprit du Carmel*, SC, p. 220.

[385] *Amour pour Amour. Vie et Œuvre de Sainte Thérèse de Jésus*, SC, p. 118.

[386] *La science de la Croix*, p. 179.

portanto, imprevisível, já que ela nunca é "uma via delineada e traçada por antecedência"[387]; cada um deve responder "à graça [...] de sua própria maneira"[388]. No entanto, nossa autora reconhece com realismo que a expansão da linha pessoal deve compor-se com situações contingentes às vezes contrárias; cada um deve, então, esforçar-se para respeitar, tanto quanto possível, seus próprios dons individuais no contexto em que se encontra[389].

Ao contrário de todo individualismo, responder à sua vocação particular é honrar a estreita solidariedade que liga cada um à Humanidade como um todo, em uma "verdadeira comunidade de destino"[390]. E é na condição mesma de desenvolver ao máximo sua nota pessoal que cada um exerce uma influência construtiva sobre seu entorno, prestando à família dos homens um serviço fecundo.

> Ninguém pode dar o que não possui; e quem deixa desbotar o melhor de si próprio para apoderar-se com violência do que lhe é negado por natureza perde a possibilidade de exercer qualquer ação fecunda. Ao contrário, quem permite à sua natureza individual obter o que lhe seria de direito, pode pelo menos colher amplamente em um domínio particular e exercer uma ação bem sucedida, suscitando igualmente desse modo uma vida feliz em torno de si.

---

[387] *Vie chrétienne de la femme*, F, p. 222.

[388] *De la personne*, p. 36.

[389] Ver *La destination de la femme*, F, p. 119 e *Vie chrétienne de la femme*, F, pp. 221-223.

[390] *De la personne*, p. 47. Edith Stein ficará sempre atenta à dimensão relacional de todo chamado pessoal: "Mesmo na vida mais contemplativa, não temos o direito de cortar relações com o mundo; acredito até mesmo que quanto mais somos atraídos profundamente para Deus, mais é preciso, nesse sentido, 'sair de si', quer dizer, ir em direção ao mundo para levar para lá a vida divina" – Carta à irmã Callista Kopf, 12 de fevereiro de 1928, C1, p. 370.

Conclusão
Envio

"Se interrogamos sobre o sentido da educação, não podemos escapar da mais antiga das questões: *O que é o ser humano?*"[391].

Com estas palavras a poetisa Kathleen Raine põe à prova da mais essencial das interrogações o materialismo contemporâneo caracterizado pela perda do sentido da transcendência: "Os valores que estão em voga no Ocidente concernem a um mundo horizontal e do qual o eixo vertical é excluído"[392]. É precisamente para isso que seu contemporâneo Alexandre Soljenitsyne tinha apontado sem rodeios em seu famoso discurso pronunciado em Harvard, no dia 08 de junho de 1978, e intitulado *O declínio da coragem*. Segundo Soljenitsyne, a dinâmica materialista "rouba o que temos de mais precioso: nossa vida interior[393]" e nos desvia de nossa tarefa essencial: "não uma saturação de cotidianidade, não a busca dos melhores meios de consumo e do excitado uso

---

[391] "O que é o ser humano?", in RAINE, K. *Le monde vivant de l'Imagination*. Paris: Éditions du Rocher, 1998, p. 55.

[392] RAINE, K. *Le Royaume invisible*. Paris: La Différence, 1991, p. 13.

[393] Citações tiradas de SOLJENITSYNE, A. *Le déclin du courage*. Paris: Seuil, 1978.

dos bens materiais, mas o cumprimento de um árduo e permanente dever, de modo que todo o caminho de nossa vida torne-se a experiência de uma elevação acima de tudo espiritual: deixar essa vida como criaturas nobres, tal como um dia nela entramos", e qualificar o momento histórico que é o nosso como uma "nova etapa antropológica".

Edith Stein pertence justamente a essa constelação de pensadores que despertam em nós "um sentimento novo da dificuldade e da nobreza de ser humano"[394] e para quem o sentido do humano é inseparável da transcendência.

Situada na intersecção entre vida em seu sentido mais radical – a Vida divina[395] à qual ela é ligada pela interioridade mais profunda de sua alma – e o mundo material em que a insere sua encarnação e cujos diferentes âmbitos[396] ela recapitula em si, a pessoa humana tem por vocação dar corpo a essa Vida que a habita e a fundamenta, tornando-se gesto dessa Vida e testemunhando ao mesmo o latejar transcendente do Amor na carne e a orientação essencial da criação que aponta para a fonte da luz.

---

[394] "Em primeiro lugar, faz-se necessária a transformação do clima espiritual; requer-se um sentimento novo da dificuldade e da nobreza de ser humano, uma concepção de base sobre a qual tudo se fundamenta, à qual ninguém se subtraia e à qual todos reconheçam como juíza no mais íntimo de si. Para que ela nasça, para que ela se afirme, o poeta e o artista, cuja ação se estende imperceptivelmente em amplitude e profundidade, podem fazer algo. Não se trata, porém, de ensiná-la nem de fazê-la, mas de vivê-la e sofrê-la" – Thomas Mann, "La philosophie de Nietzsche à la lumière de notre expérience", in MANN, T. *Études*. Paris: Gallimard, 2006, p. 128.

[395] "O ser de Deus é *vida*, quer dizer, um movimento que se produz a partir da interioridade propriamente dita; é, em definitivo, um ser gerador" – *L'être fini et l'Être éternel*, p. 351.

[396] "Dada a ligação entre o espírito e a matéria, toda a criação é sintetizada nela [a natureza humana]" – *Ibidem*, p. 363.

Conforme a essa situação antropológica, Edith Stein encara a educação como arte suprema, voltada para a irradiação da Vida divina na opacidade que atravessa a existência humana.

O sentido do ser humano está nisto: nele, o Céu e a Terra, Deus e a criação, devem unir-se.[397]

Educar é cumprir um *gesto antropológico integral* cujas articulações correspondem à estrutura íntima da pessoa. O gesto educativo desdobra-se, com efeito, seguindo um movimento que vai *do exterior ao interior, e do mais interior ao superior manifestado realmente*. Esse movimento é inscrito precisamente em cada uma das dimensões da pessoa: o corpo, o espírito e o coração – dimensões inseparáveis da alma.

O *corpo*, em sua exterioridade material, reconduz até a forma interior que o constitui como corpo vivo e significante, capaz de refletir a luz da vida divina que habita a alma.

As faculdades espirituais da *alma* humana (designadas pelo termo genérico *espírito*), quando são corretamente formadas, permitem ao ser humano entrar em contato com as manifestações objetivas da vida interior ou as obras culturais. Graças ao *sentido afetivo*, a pessoa abre-se ao mundo interior dos valores, cujo corpo vibrante são as obras e permite ao indivíduo ascender até o Valor supremo: Deus.

Além disso, do cerne de sua alma, o *coração*, a pessoa humana pode entrar livremente, pela fé, no movimento da vida da graça, cuja dinâmica é a de uma configuração à Pessoa de Jesus Cristo. A esse respeito, o santo encarna, na ordem humana, a manifestação mais elevada (e sob os traços de uma existência unificada) dessa perfeição existencial suprema que é o objetivo último da educação e na qual,

---

[397] *Ibidem*, p. 513.

"cheio de alegria, cada um descobre o sentido misterioso de seu ser, deixando-o jorrar em grito de júbilo"[398].

O movimento *triádico* do gesto educativo (exterior, interior, superior manifestado) permite considerá-lo uma extensão do Gesto Eucarístico, cuja dinâmica *ternária* (assumir, transformar e elevar) leva a acabamento a estrutura *tripartite* da pessoa: corpo–alma–espírito[399].

Ligando por dentro, assim, o Gesto Eucarístico (no qual ela contempla a manifestação sacramental do sentido último da pessoa humana e de sua vocação epifânica) e o gesto educativo, Edith Stein traz à luz uma possibilidade *diferente* de viver a encarnação pela qual nossa presença no mundo torna-se *realmente* a irradiação carnal da Vida divina cuja morada indestrutível é a interioridade humana. Desse ponto de vista, *a experiência educativa pode ser definida como a encarnação vivida até o extremo.*

O processo epifânico que procuramos descrever aqui e que só pode ser efetivado por meio da educação põe em jogo estes três polos indissociáveis: o *arquétipo transcendente* (motivo), que é a pessoa de Jesus; a *estrutura transcendental* (tema), que é o cerne específico da pessoa, seu nome único; e a *existência empírica* (variação), que é a atualização criadora, desvelamento da unicidade insondável e inesgotável. O evento que é cada pessoa consiste em um desdobramento de seu nome único; esse desdobramento se faz de dentro para fora, ao modo de um baixo contínuo[400],

---

[398] *Qui es-tu douce lumière?*, in *Malgré la nuit*, p. 127.

[399] "O '*três e um*' pode ser considerado como uma lei fundamental da vida espiritual (e também da criação inteira): uma lei fundamental que se repete em todas as suas ramificações, semelhante à lei que rege a forma de um ser vivo e que se manifesta em todas as suas partes" – *L'être fini et l'Être éternel*, p. 447.

[400] O baixo contínuo é uma técnica de improvisação sobre a base de acordes pré-determinados. Sua origem está na música barroca,

pelo movimento essencial da Vida divina cuja perfeita epifania é o Gesto eucarístico.

Tal visão educativa é propriamente mística. Se o termo *mística* remete à experiência do mistério, no sentido cristão do termo "esse mistério é Cristo, em quem se encontram escondidos todos os tesouros da sabedoria e do conhecimento" (Col 2, 3).

Pelo batismo, cada ser humano é chamado à comunhão filial com Deus, à participação da vida da Trindade. Cada pessoa responde a essa vocação segundo sua graça própria, vivendo da vida mesma do Verbo feito carne e cujo mistério pascal perpetua-se na Eucaristia.

Reconstituir a visão steiniana de educação sem a trair exigia reconduzi-la até sua fonte: o Gesto Eucarístico. Tal é o foco em que se unificam a existência humana configurada ao Amor salvador *e* o gesto educativo que libera a radiosa epifania desse Amor.

A audácia de Edith Stein consiste em levar a contemplação do mistério da pessoa até aquele ponto em que o gesto educativo, tradução efetiva desse mistério, se transforma em uma obra de amor na qual o coração humano, em sua parte mais fina, é esposado pelo movimento mais íntimo do coração de Deus: a vida eucarística de Jesus.

À luz dessa mística educativa que faz entrar no coração da realidade humana, a existência é intensificada porque é vivida com um máximo de profundidade.

---

mas, no século XX, passou a permitir improvisar o jazz, o rock e a música popular.

Bibliografia consultada

ALES BELLO, A. & PEZZELLA, A. M. (eds.). *L'avventura educativa – Antropologia, Pedagogia, Scienze.* Cidade do Vaticano: Lateran University Press, 2013.

BATZDORFF, S. *Édith Stein, ma tante.* Bruxelas: Lessius-Racine, 2000.

BETSCHART, C. *Unwiederholbares Gottessiegel Personale Individualität nach Edith Stein.* Basileia: Friedrich Reinhardt, 2013. (Col. « Studia Oecumenica Friburgensia »).

BINGELI, S. *Le féminisme chez Édith Stein.* Paris: Parole et Silence, 2010.

BORDEN, S. *Edith Stein.* Nova York: Continuum International Publishing Group, 2004.

BOUILLOT, B. *Le noyau de l'âme selon Édith Stein. L'énigme du singulier: de l'épochè phénoménologique à la nuit obscure.* Paris: Hermann (no prelo).

DANIELOU, M. *Écrits.* 3 vols. Ed. Blandine-D. Berger. Paris: Cerf, 2011.

DE RUS, É. *Interiorité de la personne et éducation chez Édith Stein.* Paris: Cerf, 2006.

DE WAAL, E. *La voie du chrétien dans le monde:* le chemin de Saint Benoît. Paris: Cerf, 2010.

DOBHAN, U., "Thèrese d'Avila et Edith Stein", in *Edith Stein: disciple et maîtresse de vie spirituelle*. Toulouse: Éditions du Carmel, 2004.

GUILEAD, R. *De la phénoménologie à la science de la croix.* Louvain & Paris : Nauwelaerts, 1973.

LANGLOIS, Y. *Marcel Jousse: De l'anthropologie du geste à l'éducation générale et religieuse.* Paris: Éditions Don Bosco, 2004.

LE HUCHE, F. & ALLALI, A., *La voix. Anatomie et physiologie des organes de la voix et de la parole.* Tomo 1. Paris: Masson, 2001.

MARITAIN, J. *Pour une philosophie de l'éducation.* Paris : Fayard, 1969.

NEYRET, M. *Hélène Lubienska de Lenval. Pour une pédagogie de la personne.* Paris : Lethielleux, 1994.

PEZZELLA, A. M. *Lineamenti di filosofia dell'educazione. Per una prospettiva fenomenologica dell'evento educativo.* Cidade do Vaticano: Lateran University Press, 2008.

RASTOIN, C. *Édith Stein (1891-1942). Enquête sur la Source.* Paris: Cerf, 2007.

SOMBART, É. *Introduzione alla Pedagogia Résonnnace: Fenomenologia del suono e del gesto. Un percorso di vita.* Rapallo: Il Ramo, 2013.

STEIN, E. "Amour pour Amour. Vie et Œuvre de Sainte Thérèse de Jésus", in *Source cachée. Œuvres spirituelles.* Trad. Cécile e Jacqueline Rastoin. Paris: Cerf, 1998.

_____. *Correspondance.* Tomos I e II. Trad. Cécile Rastoin. Paris: Cerf & Éditions du Carmel & Ad Solem, 2009.

_____. *De la personne. La structure ontique de la personne et sa problématique épistémologique.* Trad. Philibert Secretan. Paris: Cerf, 1992.

_____. *De la personne humaine I – Cours d'anthropologie philosophique.* Trad. Cécile Rastoin. Paris: Ad Solem & Cerf & Carmel, 2012.

_____. "De l'art de donner forme à sa vie dans l'esprit de Sainte Élisabeth", in STEIN, E. *Source cachée. Œuvres spirituelles.* Trad. Cécile e Jacqueline Rastoin. Paris: Cerf, 1998.

_____. *De l'État.* Trad. Philibert Secretan. Paris: Cerf, 1989.

_____. *Épouse de l'Esprit Saint*, in STEIN, E. *Malgré la nuit. Poésies complètes.* Trad. Cécile Rastoin. Genebra: Ad Solem, 2002.

_____. "Exaltation de la Croix", in *Source cachée. Œuvres spirituelles.* Trad. Cécile e Jacqueline Rastoin. Paris: Cerf, 1998.

_____. *La Crèche et la Croix.* Trad. G. Català e P. Secretan. Genebra: Ad Solem, 1995.

_____. *La femme. Cours et conférences.* Trad. Cécile Rastoin. Paris: Cerf & Carmel & Ad Solem, 2008.

_____. *La phénoménologie. Journée d'études de la Société Thomiste* (Juvisy - França, 12 de setembro de 1932). Paris: Cerf, 1932.

_____. "La prière de l'Église", in STEIN, E. *Source cachée. Œuvres spirituelles.* Trad. Cécile e Jacqueline Rastoin. Paris: Cerf, 1998.

_____. *L'art d'éduquer – Regard sur Thérèse d'Avila.* Genebra: Ad Solem, 1999.

_____. *La science de la Croix. Passion d'amour de Saint Jean de la Croix.* Paris: Béatrice-Nauwelaerts, 1975.

_____. "La signification de la phénoménologie comme conception du monde", in *Phénoménologie et philosophie chrétienne.* Trad. Philibert Secretan. Paris: Cerf, 1987.

_____. *Le château de l'âme.* Trad. Cécile Rastoin, *apud* DE RUS, É. *Interiorité de la personne et éducation chez Édith Stein.* Paris: Cerf, 2006, Anexo II.

_____. "Le signe de la Croix", in STEIN, E. *Malgré la nuit. Poésies complètes.* Trad. Cécile Rastoin. Genebra: Ad Solem, 2002.

_____. *Le problème de l'empathie*. Trad. Michel Dupuis. Paris: Cerf & Ad Solem & Carmel, 2012.

_____. *Les voies de la connaissance de Dieu. La théologie symbolique de Denys l'Aréopagite*. Trad. Cécile Rastoin. Genebra: Ad Solem, 2003.

_____. *L'être fini et l'Être éternel. Essai d'une atteinte du sens de l'être*. Trad. G. Casella e F. A. Viallet. Nauwelaerts, 1972.

_____. "L'histoire et l'esprit du Carmel", in STEIN, E. *Source cachée. Œuvres spirituelles*. Trad. Cécile e Jacqueline Rastoin. Paris: Cerf, 1998.

_____. "Vie cachée et épiphanie", in STEIN, E. *Source cachée. Œuvres spirituelles*. Trad. Cécile e Jacqueline Rastoin. Paris: Cerf, 1998.

_____. "Qui es-tu douce lumière?", in STEIN, E. *Malgré la nuit. Poésies complètes*. Trad. Cécile Rastoin. Genebra: Ad Solem, 2002.

_____. *Vie d'une famille juive*. Trad. Cécile e Jacqueline Rastoin. Paris: Cerf & Éditions du Carmel & Ad Solem, 2008.

Do mesmo autor

Estudos sobre o pensamento de Edith Stein

Intériorité de la personne et éducation chez Édith Stein (Interioridade da pessoa e educação em Edith Stein). Paris: Cerf, 2006.

L'art d'éduquer selon Édith Stein. Anthropologie, Éducation et Vie Spirituelle (A arte de educar segundo Edith Stein. Antropologia, Educação e Vida Espiritual). Prefácio de Marguerite Léna. Paris: Cerf & Carmel & Ad Solem, 2008.

La personne humaine en question. Pour une anthropologie de l'intériorité (A pessoa humana em questão. Para uma antropologia da interioridade). Paris: Cerf & Carmel & Ad Solem, 2011.

Ensaios

L'Art et la Vie (A Arte e a Vida). Entrevista com Mireille Nègre. Paris: Éditions du Carmel, 2009.

Quand la vie prend corps. Un essai à deux voix, avec Mireille Nègre (Quando a vida toma corpo. Ensaio a duas vozes, com Mireille Nègre). Prefácio de Marie Keyrouz. Paris: Cerf, 2012.

Une existence épiphanique. Cristina Kaufmann – 1939-2006 (Uma existência epifânica. Cristina Kaufmann – 1939-2006). Prefácio de Elizabeth Sombart. Saulges: Ad Solem, 2013.

Poesia

Le chant du feu ou le vacillement de la parole (O canto do fogo ou o trepidar da palavra). Prefácio de André Gouzes. Obra premiada pela Académie des Jeux Floraux (medalha *vermeil*). Biarritz: Atlantica, 2009.

Le cœur épousé (O coração desposado). Prefácio de Cécile Rastoin. Obra premiada pela Académie des Jeux Floraux (Prêmio Jeanne Marvig). Saulges: Ad Solem, 2012.

Vivre en incandescence (Viver em incandescência). Prefácio de Nicolas Buttet. Obra premiada pela Académie des Jeux Floraux (Prêmio Touny-Léyris). Saulges: Ad Solem, 2013.